관악 지휘자·지도자·연주자를 위한 실전 관악 이론

# 윈드 오케스트라
# 마스터 가이드

# The Master
# Guide
# for Wind
# Orchestra

세광음악 출판사

# 국내 추천의 글

강철호 지휘자님이 집필한『윈드 오케스트라 마스터 가이드』는 관악 음악에 몸담은 이들에게 깊은 이해와 전문성을 제공하는 귀중한 저서입니다. 저 또한 오랜 시간 관악을 연구하고 교육하며 수많은 지휘자와 연주자를 만나왔습니다. 성신여자대학교 음악대학 교수이자 K.B.A 한국 관악협회 회장으로서, 이 책이 관악 음악의 미래를 선도할 중요한 지침서라 확신합니다.

이 책은 단순한 이론서에 그치지 않고 관악 음악의 지평을 넓히는 실용적이면서도 혁신적인 교재로서, 관악에 입문하는 이들은 물론, 이미 전문성을 갖춘 지휘자와 연주자들에게도 큰 도움이 될 것입니다. 독자들은 저자의 풍부한 경험에서 비롯된 사례를 통해 실전에 적용 가능한 구체적인 기술과 역량을 익힐 수 있으며, 이를 통해 음악적 능력을 한층 더 성장시킬 기회를 얻게 될 것입니다.

또한, 저자는 다양한 레퍼토리와 편곡 기법을 소개하며 연주자와 지휘자는 물론 관악에 관심 있는 일반 독자들까지도 관악 음악을 더욱 깊이 이해하고 즐길 수 있도록 돕습니다. 특히, 관악단에서 자주 연주되는 악기들의 특징과 연주 방법을 세심하게 풀어내어 관악기의 매력을 충분히 느낄 수 있도록 하였고, 누구나 흥미롭게 감상할 수 있는 관악 영화 열세 편을 엄선하여 관악 음악의 폭넓은 세계로 안내합니다.

『윈드 오케스트라 마스터 가이드』의 출간이 관악계의 발전과 변화에 기여할 중요한 전환점이 될 것이라 믿습니다. 이 책이 더 많은 사람들에게 관악 음악의 가치와 아름다움을 전하고, 후학들에게는 길잡이가 되어 오랫동안 기억되기를 바랍니다. 관악의 다양한 가능성과 잠재력을 탐구하며 새로운 음악적 시도를 장려하는 강철호 지휘자님의 통찰을 통해, 관악계의 미래가 더욱 밝고 무궁히 발전할 것이라 기대합니다.

성신여자대학교 음악대학 교수
K.B.A 한국관악협회 회장 **김 동 수**

# 해외 추천의 글

지난 30년에 걸쳐 윈드 오케스트라는 기존 레퍼토리, 악기 구성, 감상 방식에 있어 대대적인 변화를 맞이했습니다. 또한 이 모든 변화는 지금 이 순간에도 일어나고 있습니다. 그동안 수천 개의 새로운 관악 작품이 작곡되고 출판되는 등 관악계는 흥미진진한 시간을 보냈습니다. 윈드 오케스트라를 위한 최초의 오리지널 작품이 작곡된 지 약 100년밖에 지나지 않았다는 사실을 떠올린다면, 이제 윈드 오케스트라의 세계가 앞으로 얼마나 더 다양하게 확장될지 무척이나 기대가 됩니다.

나의 친구 강철호의 저서 『윈드 오케스트라 마스터 가이드』는 윈드 오케스트라의 역사, 지휘자를 위한 필수 관악 이론, 편곡법, 주요한 관악 레퍼토리에 대한 포괄적인 개요 등 윈드 오케스트라의 모든 측면을 훌륭하게 다루고 있습니다.

『윈드 오케스트라 마스터 가이드』는 한국의 윈드 오케스트라 지휘자 및 연주자, 더불어 관악 음악을 사랑하는 모든 독자들에게 큰 도움이 될 것입니다. 더 나아가 한국 관악 문화 발전에 크게 기여할 수 있으리라고 확신합니다.
관악과 윈드 오케스트라에 관심 있는 모든 독자에게 이 책을 자신 있게 추천합니다.

뉴욕에서 **요한 데 메이***
작곡가/지휘자/음악교육가

---

*요한 데 메이(Johan de Meij)는 뉴욕에서 활동하는 세계적인 네덜란드 작곡가이자 지휘자이다. 1989년 미국 Sudler 작곡 콩쿠르에서 《교향곡 제1번 '반지의 제왕'》으로 우승하면서 국제적 명성을 얻었으며, 이 곡은 런던심포니가 녹음하였다. 이 시대를 대표하는 관악 작곡가 요한 데 메이는 오늘도 열정적으로 작곡과 지휘 활동을 바쁘게 이어가고 있다.

# 들어가는 글

　나는 대학교 4학년 때 처음 관악 지휘를 하였다. 대학 졸업식 행사 지휘는 특별할 것 없는 의식곡, 교가, 행진곡이 전부였다. 그 후 에버랜드 음악감독으로 활동하면서 일주일에 한 번씩 야외 음악회를 지휘하였다. 레퍼토리는 주로 일본에서 수입된 팝송, 영화음악 연주와 성악가 협연이 포함되었다. 정기 연주회는 1년에 한 번 국립극장에서 열렸는데, 나는 영국 작곡가 구스타브 홀스트(Gustav Holst)의 제1 모음곡, 제2 모음곡을 지휘하면서 약간의 자부심도 느꼈다.

　하지만 무대에 서면 설수록 관악 지휘에 대한 궁금증은 더해만 갔다.

　　“내가 지휘는 맞게 하는 건가?”

　　“외국 관악 지휘자는 어떻게 지휘할까?”

　　“유럽 관악단은 무슨 곡을 연주하지?”


　1990년대 초반, 국내 대학에는 지휘과가 개설되지 않았다. 인터넷도 없던 시절이니 유튜브로 공부할 수도 없었다. 나는 지휘 입문서를 훑어보고, 지인에게 부탁해서 구입한 관악 LP 레코드를 듣고 또 듣는 게 공부의 전부였다. 그때 마침 네덜란드 ‘관악 지휘’ 전공을 알게 되었다.


　나는 1992년 1월 네덜란드 유학길에 올랐다. 당시 한국 관악 유학생들은 네덜란드 지역 윈드 오케스트라를 ‘동네 밴드’로 불렀다. 우리나라 시골 마을 농악대처럼 웬만한 동네에는 밴드(동호인 관악단)가 다 있었기 때문이다. 내가 공부한 로테르담에는 대편성의 ‘윈드 오케스트라’, 금관악기로 구성된 ‘브라스 밴드’, 브라스 밴드에 색소폰을 더한 ‘팡파르 밴드’ 등 편성도 다양했고 전문화되어 있었다. 게다가 자전거 천국답게 피콜로부터 튜바까지 자전거 타고 공연하는 ‘바이시클 마칭 밴드’도 있었다. 네덜란드 음악원 지휘과에는 관악기 전공자가 관악지휘를 복수 전공하는 사례가 많다. 지휘 전공자는 음악 이론, 바톤 테크닉, 청음, 지휘법, 관악 레퍼토리를 이수해야 한다. 때로는 대사 없이 몸짓만으로 감정을 표현하는 팬터마임을 실습하고 왈츠, 폴카 같은 고전 춤을 배우기도 한다. 마지막 졸업 시험에는 현대 관악 작품 지휘와 편곡이 포함된다.

귀국 후 30년 가까운 시간이 흐른 지금, 우리는 전문 관악단부터 학교 관악단, 동호인 관악단, 관악 앙상블까지 다양한 형태의 관악단을 쉽게 접할 수 있게 되었다. 그럼에도 여전히 국내에는 관악 이론과 관악 지휘를 전문적으로 배울 수 있는 교육기관은 없다. 일부 대학에서 관악 지휘자 교육과정을 개설했지만, 여러 사정으로 인해 폐강되었다.

나는 일선에 활동하는 군(경찰)악대 지휘자, 관악단 지휘자, 학교 관악부 지도 선생님을 대상으로 관악이론을 강의했다. 음악대학에서는 악기론, 관현악법, 전공실기, 실내악, 관악 합주를 강의했으며, 음악 대학원에서 지휘(관악) 석사과정을 지도하였다.

이러한 지난 20년간의 강의 경험이 『윈드 오케스트라 마스터 가이드』 집필 방향의 기초가 되었다.

### [제1장] 관악 개론

관악 지휘자, 지도자, 연주자를 위한 필수 관악 이론을 기초부터 심화까지 단계별로 다루어, 21세기 관악 이론의 기틀을 세우고 실제 지휘와 지도에 필요한 최신 관악 지식을 제공.

### [제2장] 악기론

관악기와 타악기의 이해와 활용법을 실용적으로 다룬 매뉴얼. 각 악기의 특성과 연주법을 심도 있게 다루어, 연주 현장에서 바로 적용할 수 있는 실질적 관악기 지식 제공.

### [제3장] 편곡법

관악 이조악기와 다양한 편곡 실습을 통해 기초부터 실전 능력까지 다루는 실전 편곡법. 연주와 교육 현장에서 즉시 활용할 수 있는 편곡 스킬을 배우며, 관악 편곡의 핵심을 익히는 내용을 포함.

### [제4장] 21세기 관악 레퍼토리

유럽과 미국의 위대한 관악 작품과 관악 명곡을 장르별로 엄선해 수록. 관악 지휘자, 지도자, 애호가에게 폭넓은 관악 레퍼토리 확장의 기회를 제공.

　부록으로 내가 추천하고 싶은 '관악 영화', 일선 관악 지휘자, 지도교사에게 필요한 '관악 용어'를 게재하였다. 이 교재는 강의 순서대로 학습하거나 궁금한 장부터 먼저 공부해도 된다.

　관악 공부를 시작한 당신에게 내가 좋아하는 작곡가 가운데 한 사람인 알프레드 리드의《El Camino Real》로 힘차게 응원한다.

강 철 호

**코리안 윈드 앙상블 | 요한 데 메이: 교향곡 제1번 "반지의 제왕" 콘서트**

**지휘: 강철호** (2007. 9. 5. 예술의전당 콘서트홀)

# Contents

## I. 관악 개론


1-1 관악 작품으로 살펴본 '관악의 역사' ......... 13

1-2 관악단 특징 ......... 17

1-3 관악단 종류 ......... 18

1-4 관악단 구성 ......... 21
- 1) 목관악기 ......... 21
  - (1) 목관악기 분류법
  - (2) 2관 편성, 3관 편성
  - (3) 클라리넷 섹션과 현악기 섹션
- 2) 금관악기 ......... 24
- 3) 타악기 ......... 25
- 4) 타악기 연주 인원 ......... 27

1-5 관악기와 성악 음역 ......... 28

1-6 관악기 아티큘레이션 ......... 30

1-7 스윙 재즈 기보 및 연주법 ......... 31

1-8 표준고도 A=440Hz와 튜닝 표준음의 변천사 ......... 32

1-9 스코어(총보) ......... 34
- 1) 풀 스코어 ......... 34
- 2) 콘덴스 스코어 ......... 34
- 3) 스코어 스터디 ......... 35
- 4) 스코어 암보 ......... 36
- 5) 관악 스코어의 악기 배열 순서 ......... 37
  - (1) 오케스트라 스코어
  - (2) 유럽식 관악 스코어
  - (3) 미국식 관악 스코어
  - (4) '알프레드 리드' 관악 스코어
  - (5) 영국식 브라스 밴드 스코어
  - (6) 모차르트 관악 스코어

1-10 관악단의 악기 배치 ......... 45
- 1) 관악단의 자리 배치 개론 ......... 45
- 2) 도쿄 고세이 윈드 오케스트라 배치도 ......... 47
- 3) 관악의 거장 '프레더릭 펜넬' ......... 49

| 1-11 | **연주회 프로그램 구성** | 52 |
| | 1) 교향악단 정기 연주회 프로그램 | 53 |
| | 2) 댈러스 윈드 심포니 연주회 프로그램 | 54 |
| 1-12 | **관악곡 선정 및 악보 직수입** | 55 |
| | 1) 새로운 관악 연주곡 선정 | 55 |
| | 2) 외국 관악곡 수입 절차 | 55 |
| | 3) 관악 연주곡 난이도 등급표 | 56 |
| | 4) 관악 출판사 및 온라인 구매 웹사이트 | 57 |


## II. 악기론


| 2-1 | **목관악기 개론** | 61 |
| 2-2 | **플루트, 피콜로** | 62 |
| | 1) 플루트 | 62 |
| | 2) 피콜로 | 63 |
| 2-3 | **오보에, 잉글리시 호른** | 64 |
| | 1) 오보에 | 64 |
| | 2) 잉글리시 호른 | 65 |
| 2-4 | **바순, 콘트라바순** | 66 |
| | 1) 바순 | 66 |
| | 2) 콘트라바순 | 67 |
| 2-5 | **클라리넷** | 68 |
| | 1) 클라리넷 패밀리 | 68 |
| | 2) 클라리넷 섹션 | 69 |
| | 3) 클라리넷 기보음과 실음 | 70 |
| 2-6 | **색소폰** | 72 |
| | 1) 색소폰 패밀리 | 72 |
| | 2) 아돌프 삭스 | 75 |
| 2-7 | **금관악기 개론** | 77 |
| 2-8 | **배음** | 79 |
| | 1) 자연 배음 | 79 |
| | 2) 자연 배음과 화음 | 80 |
| | 3) 자연 배음과 트럼펫 운지법 | 81 |
| | 4) 트롬본 슬라이드, 7포지션 | 82 |
| | 5) 트롬본 포지션 | 83 |
| | 6) 트럼펫 밸브와 트롬본 포지션 | 84 |

| | | |
|---|---|--:|
| **2-9** | **텅잉** | **84** |
| | 1) 싱글 텅잉 | 85 |
| | 2) 더블 텅잉 | 85 |
| | 3) 트리플 텅잉 | 87 |
| | 4) 플러터 텅잉 | 87 |
| **2-10** | **뮤트(약음기)** | **89** |
| **2-11** | **금관악기 숙련도별 음역** | **90** |
| **2-12** | **트럼펫 패밀리** | **90** |
| | 1) 트럼펫 | 90 |
| | 2) 코넷 | 92 |
| | 3) 플뤼겔호른 | 93 |
| **2-13** | **호른** | **94** |
| | 1) 내추럴 호른, 밸브 호른 | 95 |
| | 2) 고음 호른, 저음 호른 | 95 |
| | 3) 호른의 특수 주법 | 97 |
| **2-14** | **트롬본** | **100** |
| | 1) 글리산도 주법 | 101 |
| | 2) 1포지션, 7포지션 | 102 |
| | 3) 트롬본 레가토 연주 | 103 |
| | 4) 베이스 트롬본 | 104 |
| **2-15** | **유포니움, 바리톤** | **105** |
| **2-16** | **튜바, 수자폰** | **107** |
| | 1) 튜바 | 107 |
| | 2) 수자폰 | 108 |
| **2-17** | **스트링 베이스, 베이스 기타** | **109** |
| | 1) 스트링 베이스(더블 베이스) | 109 |
| | 2) 베이스 기타 | 110 |
| **2-18** | **타악기** | **111** |
| | 1) 타악기 개론 | 111 |
| | 2) 타악기 종류 | 113 |
| | 3) 타악기 용어 | 114 |
| | 4) 타악기 기보법 | 115 |
| | 5) 음정이 있는 타악기 | 118 |
| | 6) 음정이 없는 타악기 | 119 |
| | 7) 혼동하기 쉬운 타악기 명칭 | 121 |

# Ⅲ. 편곡법


**3-1　관악단 이조악기** .................................................. 128

　　1) 이조악기 ........................................................ 128

　　2) 이조악기의 등장 배경 ...................................... 128

　　3) 음정 ............................................................ 131

　　4) 관악합주 이조악기표 ...................................... 132

　　5) 기보음과 실제음(실음) .................................... 133

　　6) B♭조 악기 스코어 리딩하는 방법 ...................... 134

**3-2　편곡 실습** ......................................................... 135

　　1) 편곡 실습 개론 ............................................... 135

　　2) 금관 5중주 편곡 실습 ...................................... 139

　　3) 클라리넷 앙상블 편곡 실습 ............................... 140

　　4) 색소폰 앙상블 편곡 실습 .................................. 141

　　5) 목관 5중주 편곡 실습 ...................................... 142

　　6) 편곡 실습과 응용 ........................................... 143

　　7) 타악기 편곡 개론 ........................................... 146

　　8) 타악기 앙상블 편곡 실습 .................................. 147

　　9) '경기병 서곡' 편곡 스코어 예시 ........................ 149

　　10) 악보 사보 소프트웨어 .................................... 154


# Ⅳ. 21세기 관악 레퍼토리


**4-1　위대한 관악 작품 15** ........................................ 157

**4-2　관악 명곡 100** ................................................ 158

**4-3　챔버 윈드 앙상블 작품 50** ............................... 162

**4-4　관현악곡 편곡 작품 50** .................................... 164

**4-5　관악 협주곡 명곡 33** ....................................... 166

**4-6　관악 명곡·추천 명반** ....................................... 174


# 부 록


부록 1. 재미있는 관악 영화 ......................................... 191

부록 2. 자주 쓰는 관악 용어 ........................................ 207

# 한국 관악의 선구자, 최초의 관악 지도자 '이은돌'

우리나라 근대적 관악단의 역사는 1901년 2월 19일 독일인 프란츠 에케르트(Franz Eckert, 1852~1916)가 시위연대 군악 지도자로 초청되면서 본격적으로 시작되었다. 에케르트는 그해 3월, 50명의 대원으로 구성된 대한제국 최초의 군악대를 창설하였다.

그러나 에케르트가 입국하기 20여 년 전인 1881년, 조선에는 이미 우리나라 최초의 관악 지도자라고 일컬을 만한 인물이 있었다. 개화당의 핵심인물로도 알려진 이은돌이 바로 그 주인공이다. 이은돌은 코넷Cornet 연주와 악대 교육을 받기 위해 일본 교도단 군악대로 유학을 떠났다. 이은돌은 프랑스 악대 지도자 다그롱(Gustave Charles Dagron, 1845~1898)에게 사사하였고 우수한 성적으로 조기 졸업하였다. 이 사실은 1882년 6월 17일 자 「동경일일신문」에 "근대 최초의 음악 유학생 이은돌이 일본 교도단 군악대를 졸업한다."라는 기사로 보도되었다. 1882년 귀국 후 박영효가 경기도 광주유수로 있는 연병대에서 신식 교련과 나팔수를 양성하였다. 이은돌은 자주적 관악대 설립을 주도하고 한국 근대 서양음악의 시작을 알린 최초의 관악 지도자이다.

# I

# 관악 개론

# I. 관악 개론

## 1-1 관악 작품으로 살펴본 '관악의 역사'

### 1) 고대부터 바로크 시대(기원전~1700년대)

고대 초기의 관악기는 고대 이집트, 그리스, 로마에서 주로 군사적 용무와 제사 의식에 사용되었다. 중세에는 관악기가 유럽의 군악대에서 사용되면서 점차 지역사회의 행사와 의식에서 중요한 역할을 하게 된다.

르네상스 시대에는 관악기가 군사적 목적과 더불어 종교 행사에서 성악과 함께 소규모 관악 앙상블 형태로 구성되었다. 이탈리아의 작곡가 조반니 가브리엘리(Giovanni Gabrieli, 1557~1612)는 1597년 3대의 코넷, 3대의 트롬본으로 편성된《소나타 피안 에 포르테Sonata Pian e Forte》를 작곡하였는데, 이 곡은 최초의 금관 앙상블 작품으로 평가받고 있다.

바로크 시대에는 오르간과 하프시코드 같은 실내악의 영향을 받아 보다 복잡한 관악 작품이 작곡되었다. 나무로 만든 플루트와 리코더, 오보에, 바순, 밸브가 없는 트럼펫과 호른이 연주되었다. 바로크 시대 프랑스 왕으로 재위한 루이 14세(Louis XIV, 1638~1715)는 관악사적으로 매우 중요한 인물이다. 루이 14세는 통치 기간 동안 군악대의 기초를 확립하고 발전시키는 데 중요한 역할을 했다. 예를 들어, 그는 1669년에 왕립 음악 아카데미Académie Royale de Musique를 설립하여 프랑스 음악의 전반적인 발전을 도모하였다. 또한 군대에서 음악을 효과적으로 활용하기 위해 왕실 기병대와 함께 군악대Les Grandes Écuries를 창설하기도 하였다. 이 군악대는 이후 프랑스 군악대의 기초를 다지는 중요한 역할을 했으며, 이를 계기로 군사 훈련과 의전에 있어 음악은 하나의 전략으로 활용될 수 있게 되었다.

## 2) 고전 시대(1700~1800년대)

고전 시대에는 관악기로 편성된 군악대가 대중 음악의 일부로 자리잡게 되었다. 관악의 규모가 커지면서 악기도 다양하게 편성될 수 있었다. 1780(1781)년 모차르트는 음악사적으로 매우 중요한 관악작품 《세레나데 제10번 '그랑 파르티타'Serenade No. 10 'Gran Partita'》를 작곡하였다. 1782년 봄, 오스트리아 황제 요제프 2세(Joseph II, 1741~1790)가 황실 만찬을 위한 악단 구성을 8개의 관악기로 요청한 것을 계기로 관악 앙상블은 급격히 발전하게 된다. 이로써 비엔나에서는 8명의 관악기 연주자를 기본 편성으로 한 새로운 형태의 관악 앙상블 '하모니무지크Harmoniemusik'가 탄생하게 된다. 소규모 관악 앙상블은 궁정 연회 뿐만 아니라 군대 행진과 비엔나 거리에서도 인기를 끌게 된다. 당시 많은 사랑을 받았던 모차르트 오페라 《돈 조반니Don Giovanni》, 《마술피리 Die Zauberflöte》, 《피가로의 결혼Le nozze di Figaro》 또한 하모니무지크로 편곡되어 연주되었다.

## 3) 근대(19세기 중반~20세기 초)

19세기 중반, 산업혁명과 군사적 필요에 의해 관악기 제작 기술이 발전하며 군악대의 규모도 크게 확대되었다. 벨기에의 악기 제작자 아돌프 삭스(Adolphe Sax, 1814~1894)는 1840년대 초반 색소폰을 발명한 후, 1846년 6월 28일 색소폰에 대한 특허를 받게 된다. 삭스의 제안으로 프랑스 군악대에서 색소폰을 사용하면서 관악단의 정규 편성에 색소폰이 도입된다.

이후 20세기 초에는 현대 관악단의 형태가 확립되었다. 제1차 세계대전(1914~1918) 동안 군악대는 군인의 사기 진작이라는 본연의 임무 외에도, 일반 시민에게 관악을 전파하는 역할을 수행했다. 당시 군악대 행진곡의 리듬과 형식은 현대 대중음악 발전에도 크게 기여하였다.

## 4) 현대(20세기 초반~중반)

20세기 초 유럽에서는 관악 역사의 일대 전환점이라고 할 만한 사건이 여럿 있었다.

우선 1920년 프랑스 파리에서는 신고전주의 작곡가 스트라빈스키(Igor Stravinsky, 1882~1971)가 《관악을 위한 교향곡Symphonies for Winds》, 1923년에 《관악을 위한 8중주Octet for Wind Instruments》를 발표한다. 영국의 경우 1909년 홀스트(Gustav Holst, 1874~1934)가 《제1 모음곡First Suite for Military Band》을 작곡한 데 이어, 1923년 본 윌리엄스(Ralph Vaughan Williams, 1872~1958)가 《영국 민요 모음곡English Folk Song Suite》을 발표한다. 홀스트와 본 윌리엄스의 브리티시 밴드 클래식 작품은 현대 관악 레퍼토리 발전의 초석이 되었다.

이후 유럽에 이어 미국이 관악 역사의 주무대로 등장한다. 행진곡의 왕 존 필립 수자(John Philip Sousa, 1854~1932)는 1880년부터 1892년 미국 해병대 군악대 지휘자로 활동하였다. 또한 그는 수자 밴드The Sousa Band를 창단하였으며, 1896년 미국 정부 공식 행진곡 《성조기여 영원하라 Stars and Stripes Forever》를 작곡하기도 하였다.

현대 관악의 이정표를 세운 인물은 단연코 프레더릭 펜넬(Frederick Fennell, 1914~2004)이다. 펜넬은 1952년 이스트만 윈드 앙상블Eastman Wind Ensemble을 창단하여 현대 윈드 앙상블의 표준 편성을 제시하였다. 또한 펜넬은 창작 관악 작품의 중요성을 인식한 후, 많은 작곡가에게 새로운 관악 작품을 작곡할 것을 요청하였다. 퍼시 그레인저(Percy Grainger), 빈센트 퍼시케티(Vincent Persichetti), 레이프 본 윌리엄스(Ralph Vaughan Williams)가 펜넬의 요청에 응답하여 관악단을 위한 작품을 발표하였다.


## 5) 현대 관악을 이끄는 작곡가

알프레드 리드(Alfred Reed, 1921~2005)는 미국의 대표적인 관악 작곡가이다. 리드는 250여 개의 관악 작품을 작곡하였고, 제주국제관악제 지휘를 맡은 것을 비롯하여 한국과도 깊은 인연을 맺은 바 있다. 현재 미국에서 활동 중인 또 다른 저명 작곡가로는 존 맥키(John Mackey, 1973~)를 들 수 있다.

유럽의 관악 강국, 네덜란드의 작곡가로는 1988년 J. R. R. 톨킨의 소설에서 영감을 받아 《교향곡 제1번 '반지의 제왕'Symphony No. 1 'The Lord of the Rings'》을 작곡한 요한 데 메이(Johan de Meij, 1953~)가 대표적이다. 오스카르 나바로(Óscar Navarro, 스페인, 1981~), 마르크 장부르캥(Marc Jeanbourquin, 스위스, 1977~) 역시 왕성하게 활동 중인 유럽의 작곡가이다. 더불어 이다 고트코프스키(Ida Gotkovsky, 프랑스, 1933~), 얀 반 데르 로스트(Jan Van der Roost, 벨기에, 1956~), 필립 스파크(Philip Sparke, 영국, 1951~), 미켈레 만가니(Michele Mangani, 이탈리아, 1966~)의 작품들이 세계 각지에서 자주 연주된다.

동양에서는 일본의 이토 야스히데(Ito Yasuhide, 1960~), 한국계 일본인 고창수(Chang Su Koh, 1970~)가 국제적으로 유명하다.

# 1-2 관악단(Wind Band) 특징

윈드Wind는 바람(호흡)을 이용하여 연주하는 악기, 관악기를 뜻한다. 관악단은 목관악기, 금관악기, 타악기로 구성된 연주단체이다. 관악단의 음악적 정체성과 목표에 따라 다양한 명칭이 사용된다.

윈드 오케스트라Wind Orchestra는 교향악단과 유사한 개념으로, 전통적인 오케스트라의 편성에서 현악기를 제외하고 관악기와 타악기 섹션을 강화한 형태이다. 윈드 오케스트라는 전문적인 관악 작품을 연주하는 것이 특징이며, 특히 네덜란드나 유럽 전역에서 많이 사용하는 명칭이다. 콘서트 밴드Concert Band 명칭은 미국의 학교, 군악대에서 많이 사용한다. 심포닉 밴드Symphonic Band는 콘서트 밴드와 유사하지만 보다 복잡하고 수준 높은 작품을 연주한다. 윈드 앙상블Wind Ensemble은 명확하고 섬세한 연주를 목표로 하며, 이를 위해 각 파트에 한 명의 연주자를 편성한다. 단, B♭ 클라리넷, 유포니움, 튜바는 2명씩 중복하여 연주한다.

관악단은 유럽의 축제와 행사에서 흔히 만날 수 있을 만큼 대중적인 연주 단체이다. 유럽에서 관악단이 인기를 끄는 이유는 다음 세 가지로 요약할 수 있다.

첫째, 관악단은 지역 문화 공동체 성격이 강하다. 지역 주민이 관악단의 단원으로 활동하며, 관악단은 지역 행사 및 축제에 적극적으로 참여하여 지역 사회와 직접 소통한다.

둘째, 관악단은 대중성과 예술성을 모두 갖추고 있다. 수준 높은 창작 관악 작품부터, 유명 클래식 편곡 연주, 팝, 재즈까지 다양한 장르의 음악을 연주한다. 다채로운 레퍼토리는 음악 애호가와 일반 시민의 문화 욕구를 모두 충족시킨다.

셋째, 관악단은 오랜 역사 속에서 발전해 온 현대적인 연주 단체이다. 유럽의 많은 나라들은 오랜 관악 역사와 지역 축제의 전통을 가지고 있나. 이러한 관습은 오늘날의 관악단 문화로 이어져, 지금까지도 지역 축제나 행사에서 관악단이 필수적인 요소로 자리 잡게 되었다.

# 1-3 관악단 종류

관악단은 주로 연주를 전문으로 하는 '윈드 오케스트라(콘서트 밴드)'와 퍼레이드 및 마칭 쇼를 공연하는 '마칭 밴드'로 나눌 수 있다. 국내에서는 윈드 오케스트라를 중심으로 관악단 활동이 이루어지고 있다.

## 1) 윈드 오케스트라 Wind Orchestra, 콘서트 밴드 Concert Band

'윈드 오케스트라'는 목관악기Woodwind Instruments, 금관악기Brass Instruments, 타악기Percussion 표준 편성에 필요에 따라 스트링 베이스String Bass, 하프Harp를 추가한다.

국내에서는 관악단을 '윈드 오케스트라'라고 부르는 경우가 많다. 네덜란드를 비롯한 유럽에서는 윈드 오케스트라가 일반적으로 통용되며, 미국에서는 심포닉 밴드Symphonic Band, 콘서트 밴드Concert Band, 윈드 앙상블Wind Ensemble이 주로 사용된다.

다만, '윈드 오케스트라'가 반드시 대편성 관악단을, '윈드 앙상블'이 소편성 관악단을 의미하는 것은 아니다.

## 2) 브라스 밴드 Brass Band

브라스 밴드는 금관악기와 타악기로 구성된다. 국내에서는 브라스 밴드의 개념이 생소하지만 영국, 네덜란드, 벨기에, 북유럽에서는 매우 대중적인 밴드 형태이다.

## 3) 팡파르 밴드 Fanfare Band

팡파르 밴드는 국내에 없는 관악단이다. 색소폰, 금관악기, 타악기로 구성되며, 색소폰 섹션은 목관악기 역할을 수행한다. 팡파르 밴드는 빅 밴드와 악기 구성이 유사하지만, 엄연히 편성이 다른 관악단이다. 네덜란드, 벨기에, 프랑스에서 많이 만날 수 있다.

## 4) 빅 밴드 Big Band, 재즈 밴드 Jazz Band, 스윙 밴드 Swing Band

빅 밴드, 재즈 밴드는 미국의 스윙 밴드를 그 기원으로 한다. 알토 색소폰 2, 테너 색소폰 2, 바리톤 색소폰, 트럼펫 4, 트롬본 4, 일렉 기타, 스트링 베이스(일렉 베이스 기타), 피아노, 드럼세트가 표준 편성이다.

## 5) 마칭 밴드 Marching Band

마칭 밴드는 유럽에서 그 기원을 찾을 수 있지만, 정작 발전 및 대중화는 미국에서 이루어졌다. 스포츠 행사나 퍼레이드에서 중요한 역할을 하며, 일반적으로 마칭 쇼를 위해 제작된 마칭 금관악기와 타악기 외에도 시각적 효과를 위한 컬러 가드Color Guard가 편성에 포함된다. 또한 전문 지휘자 없이 드럼 메이저Drum Major가 행진과 연주를 지휘한다는 점이 마칭 밴드의 특징이다.

## 6) 콘서트 밴드가 브라스 밴드?

콘서트 밴드Concert Band는 목관, 금관, 타악기로 구성된 관악단을 말한다. 그러나 일부 관악 지도자나 연주자들은 이를 브라스 밴드Brass Band와 혼동하기도 한다. 브라스 밴드는 금관악기와 타악기로만 구성되며, 목관악기가 포함되지 않는다. 이와 달리 콘서트 밴드는 목관악기도 구성에서 중요한 역할을 한다. 이와 같은 혼동은 일본에서 유래한 잘못된 용어를 사용함으로 인해 비롯되었다. 일본에서는 여전히 콘서트 밴드를 '브라스 밴드'로 잘못 표기하는 경우가 많다. 예를 들어, 일본 야마하 뮤직 미디어에서 출판하는 콘서트 밴드용 관악 작품집은 《뉴 사운드 인 브라스New Sounds in Brass》라는 제목을 사용하고 있다. 하지만 같은 악보를 유럽에서 출판할 때, 네덜란드의 하스케De Haske는 이를 바로잡아 《뉴 사운드 포 콘서트 밴드New Sounds for Concert Band》로 출간하고 있다.

| 구분 | 구성 | 주요 레퍼토리 | 유명 연주 단체 |
|---|---|---|---|
| 윈드 오케스트라<br>윈드 심포니<br>윈드 앙상블<br>심포닉 밴드<br>콘서트 밴드 | 목관악기<br>금관악기<br>타악기<br>스트링 베이스<br>하프 | 창작 관악 작품<br>관현악 편곡 작품<br>영화, 뮤지컬<br>팝 음악 | 일: Tokyo Kosei Wind Orchestra (1960)<br>미: Dallas Wind Symphony (1985)<br>네: Koninklijke Harmonie van Thorn (1813)<br>일: Osaka Municipal Symphonic Band (1923)<br> -현, Osaka Shion Wind Orchestra<br>제주특별자치도립 서귀포 관악단 (1998) |
| 브라스 밴드 | 금관악기<br>타악기 | 창작 관악 작품<br>관현악 편곡 작품<br>영화, 뮤지컬<br>팝 음악 | 영: Black Dyke Band<br>영: Cory Band<br>네: Brassband Rijnmond |
| 팡파르 밴드 | 색소폰<br>금관악기<br>타악기 | 창작 관악 작품<br>관현악 편곡 작품<br>영화, 뮤지컬<br>팝 음악 | 벨: Koninklijke Stadsfanfaren Band<br>네: Gelders Fanfare Orkest<br>네: Fanfare Orchestra of Netherlands |
| 빅 밴드<br>(재즈 밴드) | 색소폰<br>트럼펫<br>트롬본<br>리듬 섹션 | 스윙(Swing)<br>비밥(Bebop)<br>라틴 재즈(Latin Jazz)<br>블루스(Blues)<br>팝(Pop) | 미: The Jazz at Lincoln Center Orchestra<br>미: Brian Setzer Orchestra<br>영: BBC Big Band<br>독: WDR Big Band<br>덴: DR Big Band |
| 전문 마칭 밴드 | 마칭 금관악기<br>타악기<br>컬러 가드 | 관현악곡 편곡 작품<br>대중적인 연주곡 | 미: Ohio State University Marching Band<br>미: The Blue Devils Drum and Bugle Corps |
| 학교 마칭 밴드 | 목관악기<br>금관악기<br>타악기 | 관현악 작품<br>팝 음악 | 일: Kyoto Tachibana High School<br>   Marching Band |

*미(미국), 일(일본), 네(네덜란드), 영(영국), 벨(벨기에), 독(독일), 덴(덴마크)

*오사카 시립 관악단Osaka Municipal Symphonic Band은 2015년 민영화 '오사카 시온 윈드 오케스트라'로 변경.

# 1-4 관악단 구성

## 1) 목관악기 Woodwind

　현대 관악단의 목관 섹션은 플루트, 오보에, 바순, 클라리넷, 색소폰으로 구성된다. 목관악기는 나무로 만든 악기를 통칭하는 용어지만, 초기에 나무로 제작되었던 플루트 및 싱글 리드와 키 시스템을 갖춘 색소폰까지도 목관악기에 포함된다. 목관악기는 7 옥타브의 넓은 음역대를 연주한다. 목관악기는 주요 테마, 화려한 패시지, 대선율, 화음, 아르페지오 연주를 담당한다. 목관악기의 매력은 각 악기의 고유한 음색과 다채로운 음색에서 빚어지는 색채감에 있다. 전문 관악단용 작품은 3관 편성을 기준으로 하며, 학생과 동호인이 활동하는 초중급 관악단은 2관 편성이 일반적이다. 목관악기는 각 파트별 1명이 연주하는 것을 원칙으로 하지만, Bb 클라리넷의 제1, 제2, 제3 파트는 2~3명이 중복하여 연주한다.

### (1) 목관악기 분류법

　　① 홑리드 악기: 모든 클라리넷, 모든 색소폰

　　② 겹리드 악기: 오보에, 잉글리시 호른, 바순, 콘트라바순

　　③ 리드가 없는 악기: 플루트, 피콜로

### (2) 2관 편성, 3관 편성

　"교향악단의 호른이 2명이면 2관 편성, 호른 4명은 4관 편성이다."라는 설명은 비전공자에 의해 잘못 알려진 것이다. 관현악 편성의 규모를 결정짓는 것은 호른이 아닌, 목관악기의 숫자이다.

　2관 편성이란 두 대의 플루트, 두 대의 오보에, 두 대의 클라리넷으로 구성된다. 플루트 섹션의 3관 편성을 예로 들면 두 대의 플루트, 한 대의 피콜로 구성된다. 고전 시대에는 2관 편성이 주류였으나, 이후 베토벤의 《교향곡 제9번 '합창'Symphony No. 9 'Choral'》을 기점으로 낭만 시대가 시작되며 이 시기에는 각 목관악기가 세 개씩 사용되는 3관 편성이 주를 이루게 되었다. 근대 음악에서는 각 목관악기가 네 개씩 사용되는 4관 편성의 관현악 작품이 주로 연주되었다.

| 2관 편성<br>(고전 시대) | 3관 편성<br>(낭만 시대) | 4관 편성<br>(19세기 후반~20세기) |
|---|---|---|
| 플루트 2 | 플루트 2<br>피콜로 1 | 플루트 3<br>피콜로 1 |
| 오보에 2 | 오보에 2<br>잉글리시 호른 1 | 오보에 3<br>잉글리시 호른 1 |
| 클라리넷 2 | 클라리넷 2<br>베이스 클라리넷 1 | E♭ 클라리넷<br>B♭(A) 클라리넷 2~3<br>베이스 클라리넷 |
| 바순 2 | 바순 2<br>콘트라바순 1 | 바순 3<br>콘트라바순 1 |

## 관악 합주 목관악기 3관 편성(전문 관악단 기준)

| | |
|---|---|
| 피콜로 | Piccolo |
| 플루트 | Flute I, II |
| 오보에 | Oboe I, II |
| 잉글리시 호른 | English Horn |
| E♭ 클라리넷 | E♭ Clarinet |
| B♭ 클라리넷 | B♭ Clarinet I, II, III |
| 알토 클라리넷 | Alto Clarinet |
| 베이스 클라리넷 | Bass Clarinet |
| 바순 | Bassoon I, II |
| 콘트라바순 | Contrabassoon |
| 알토 색소폰 | Alto Saxophone I, II |
| 테너 색소폰 | Tenor Saxophone |
| 바리톤 색소폰 | Baritone Saxophone |

## (3) 클라리넷 섹션과 현악기 섹션

관악단의 클라리넷 섹션은 오케스트라의 현악기 섹션과 같은 역할을 한다. 사무엘 아들러 (Samuel Adler)의 명저 『관현악기법연구 The Study of Orchestration』에서는 다음과 같이 현악기가 오케스트라에서 중요한 위치를 점할 수밖에 없는 6가지 이유를 들고 있다.[1]

① 고음 악기부터 저음 악기까지 유사한 음색

② 넓은 음역(더블베이스에서 바이올린까지 7 옥타브)

③ $pp$ 부터 $ff$ 까지 폭넓은 셈여림

④ 배음적으로 풍부한 음색

⑤ 다양하고 화려한 테크닉

⑥ 지치지 않고 꾸준히 연주 가능


클라리넷 섹션은 아래와 같이 현악기와 유사한 특징을 가지고 있다.

① 저음 악기부터 고음 악기까지 같은 음색을 가지고 있다.

② 콘트라베이스 클라리넷부터 E♭ 클라리넷까지 7 옥타브 음역을 연주할 수 있다.

③ 아주 부드러운 $pp$ 부터 예리하고 강력한 $ff$ 까지 가능하다.

④ 저음역의 깊이 있는 샬루모 Chalumeau부터 고음역의 화려한 클라리노 Clarino까지 풍부한 음색을 가지고 있다.

⑤ 클라리넷은 아주 빠르고 기교적인 패시지 연주에 용이하다.

⑥ 금관악기보다 지치지 않고 오랫동안 연주할 수 있는 주력을 가지고 있다.

---

[1] Adler Samuel, *관현악기법연구*, 윤성현 역, 수문당, 2009, 9면.

## 2) 금관악기 Brass

금관악기는 본래 야외에서 사냥을 하거나, 군용 신호를 전달하거나, 종교적 행사가 있을 때 자주 사용되던 악기이다. 관악단 편성에는 트럼펫, 호른, 트롬본, 유포니움(바리톤), 튜바가 사용된다. 일부 미국과 영국의 관악 작품에는 트럼펫 외에 코넷이 추가되기도 한다(II장 악기론 참조).

**관악합주 금관악기 편성**

| | |
|---|---|
| B♭ 트럼펫<br>(코넷) | B♭ Trumpet in I, II, III<br>(Cornet I, II) |
| F 호른 | F Horn in I, II, (III, IV) |
| 트롬본<br>베이스 트롬본 | Trombone I, II<br>Bass Trombone(Tbn. III) |
| 유포니움(바리톤)<br>튜바 | Euphonium(Baritone)<br>Tuba |

## 3) 타악기 Percussion

타악기는 관악 합주에서 전통적으로 리듬과 다이내믹(셈여림) 표현을 담당하였다. 고전 시대 오케스트라에서는 팀파니, 스네어 드럼, 심벌즈, 트라이앵글 등 몇 종의 타악기를 사용하는 것이 전부였다. 이에 반해, 현대 관악 합주에서 타악기는 전통적인 리듬 섹션의 역할뿐 아니라 연주에 새로운 음색과 색채감을 더해주는 중요한 역할을 하고 있다. 또한 라틴 아메리카의 음악이 대중화되며 라틴 리듬과 라틴 타악기도 자주 사용되고 있다.

1911년에 작곡된 홀스트(Gustav Holst, 1874~1934)의《제2 모음곡Second Suite in F for Military Band》에서는 스네어 드럼, 베이스 드럼, 심벌즈, 트라이앵글, 탬버린, 앤빌*Anvil 총 6가지의 타악기가 사용되었다.

*Anvil(모루): 대장장이가 쇠를 가공하기 위해 사용하는 받침. 2악장 '대장장이Blacksmith'의 효과를 내기 위해 사용.

**예 1-3** 홀스트,《제2 모음곡》1악장, 마디 11-14

현대 작곡가들은 특별한 음색과 효과를 얻기 위하여 다양한 종류의 타악기를 사용하고 있다. 1985년에 작곡된 알프레드 리드(Alfred Reed, 미국, 1921~2005)의《엘 카미노 레알(라틴 판타지) El Camino Real(A Latin Fantasy)》에는 드럼 2종(스네어 드럼, 베이스 드럼), 심벌즈 2종(심벌즈, 서스펜디드 심벌), 타악기 5종(트라이앵글, 탬버린, 캐스터네츠, 우드블럭, 마라카스)과 말렛 타악기 4종(벨, 실로폰, 비브라폰, 마림바)까지 총 13종의 타악기가 사용되었다. 오늘날의 관악 작품은 새로운 타악기 연주법과 관악단에서 생소한 타악기도 많이 사용한다. 관악 지휘자는 관악 스코어에 사용되는 타악기 기보법과 연주법, 새로운 음악용어에 유의하여야 한다.

**예 1-4** 리드, 《엘 카미노 레알》 1악장, 마디 3[2]

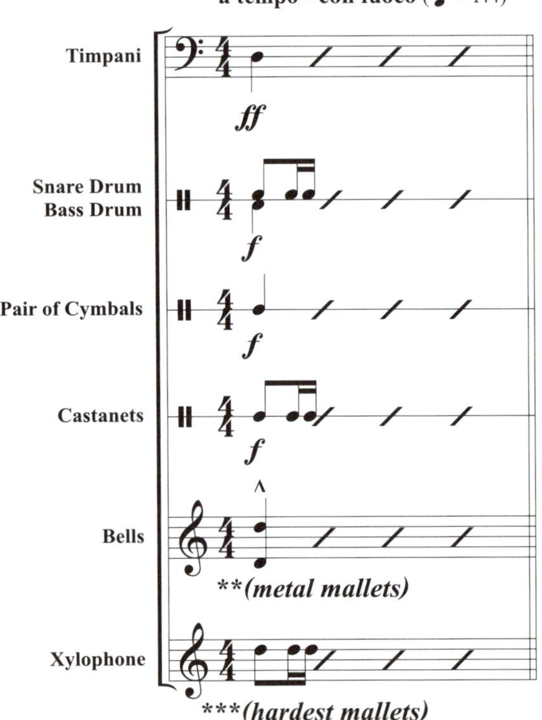


**metal mallets: 금속 말렛을 사용해서 연주

***hardest mallets: 가장 딱딱한 말렛을 사용해서 연주

---

[2] Reed, Alfred. *El Camino Real: A Latin Fantasy*(Hal Leonard, 1995)

## 4) 타악기 연주 인원

타악기의 경우 관악기와 달리 한 명의 연주자가 다양한 악기를 연주하게 된다. 그러므로 타악기 연주 인원은 타악기의 개수가 아니라, 동시에 연주되는 타악기 숫자로 결정한다. 예를 들어,《엘 카미노 레알》을 연주하기 위해서는 팀파니 1명, 드럼 2명, 타악기 2명, 말렛 2명 등 총 7명의 연주자가 필요하다.

### 윈드 오케스트라 3관 편성 표준 편성표

| 목관악기<br>(Woodwind Instrument) | 금관악기<br>(Brass Instrument) | 타악기<br>(Percussion) | 현악기<br>(String Instrument) |
|---|---|---|---|
| Piccolo<br>Flute I, II<br><br>Oboe I, II<br>English Horn<br><br>Bassoon I, II<br>(Contrabassoon) *<br><br>E♭ Clarinet<br>B♭ Clarinet I (3 players)<br>B♭ Clarinet II (3 players)<br>B♭ Clarinet III (3 players)<br>Alto Clarinet<br>Bass Clarinet<br>(Contrabass Clarinet) *<br><br>Alto Saxophone I (Sop. Sax.)<br>Alto Saxophone II<br>Tenor Saxophone<br>Baritone Saxophone | Trumpet I<br>Trumpet II<br>Trumpet III<br><br>Horn I<br>Horn II<br>Horn III<br>Horn IV<br><br>Trombone I, II<br>Bass Trombone (Tbn. III)<br><br>Euphonium (Baritone)<br>Tuba | Glockenspiel<br>Xylophone<br>Vibraphone<br>Marimba<br><br>Timpani<br><br>Snare Drum<br>Bass Drum<br>Cymbals<br><br>Triangle<br>Tambourine<br>Wind Chimes<br>Tam-tam | String Bass<br>Harp |
| 목관 24명 (26명) | 금관 17명 | 타악 5명~7명 | 현악 2명 |
| 총 연주 인원 48~52명 | | | |

● 모든 관악기는 기본적으로 1명이 연주하며, B♭ 클라리넷은 2~3명, 트럼펫은 각 파트에 2명, 유포니움과 튜바는 각각 2명의 연주자가 편성된다.

* 콘트라바순, 콘트라베이스 클라리넷은 대편성의 관악 교향곡에 사용.

# 1-5 관악기와 성악 음역

필립 J. 랭은 그의 저서 『관악을 위한 스코어링』에서 다음과 같이 말했다.

"관악단의 악보 작성에 대한 기본적인 접근 방식은 사람의 목소리를 간단히 고려한 것으로 시작할 수 있다. (중략) 인간의 목소리는 아마도 최초의 악기였기 때문에 모든 악기는 원래 이러한 성악의 음역을 모방해서 만들어졌다."[3]

관악은 성악의 각 파트별 음역과 밀접한 관계를 가지고 있다. 성악을 소프라노, 알토, 테너, 베이스로 나누는 것처럼, 관악기도 각 악기별로 적합한 음역이 있다.

[예 1-6]은 각 관악기가 윈드 오케스트라에서 연주하는 성부를 나타낸 표이다.

**예 1-5** 성악 음역

---


[3] Philip J. Rang, *Scoring for the Band*(New York: Mills Music, 1950), 81

분류: ○적합  △보통  ▽미흡

| 구분 | 악기명 | 소프라노 | 알토 | 테너 | 베이스 |
|---|---|---|---|---|---|
| 목관악기 | Piccolo | ○↑ | | | |
| | Flute | ○ | | | |
| | Oboe | ○ | | | |
| | English Horn | △ | ○ | | |
| | Bassoon | | | △ | ○ |
| | Contrabassoon | | | | ○↓ |
| | E♭ Clarinet | ○ | △ | | |
| | B♭ Clarinet I | ○ | ○ | | |
| | B♭ Clarinet II | △ | ○ | △ | |
| | B♭ Clarinet III | | ○ | △ | |
| | Alto Clarinet | | △ | ○ | ▽ |
| | Bass Clarinet | | ▽ | △ | ○ |
| | Alto Saxophone | △ | ○ | ▽ | |
| | Tenor Saxophone | | △ | ○ | |
| | Baritone Saxophone | | | △ | ○ |
| 금관악기 | Trumpet | ○ | △ | | |
| | Horn | | ○ | △ | |
| | Trombone | | | ○ | △ |
| | Bass Trombone | | | △ | ○ |
| | Baritone (Euphonium) | | | ○ | △ |
| | Tuba | | | | ○↓ |
| 현악기 | String Bass | | | | ○↓ |
| 타악기 | Glockenspiel | ○↑↑ | | | |
| | Xylophone | ○↑ | | | |
| | Marimba | ○ | ○ | ○ | ○ |
| | Timpani | | | | ○ |

○↑↑ = 2 옥타브 위 소프라노 / ○↑ = 1 옥타브 위 소프라노 / ○↓ = 1 옥타브 아래 베이스

# 1-6 관악기 아티큘레이션(Articulation)

관악기를 연주할 때 텅잉Tonguing으로 특정 음을 강하게, 짧게 또는 충분히 길게 연주할 수 있다. 이렇게 음을 표현하는 방법을 '아티큘레이션Articulation'이라고 한다. 작곡가, 편곡자는 음 위나 아래에 특정 기호를 사용하여 아티큘레이션을 표기한다.

[예 1-7]은 관악합주에 자주 사용되는 아티큘레이션이다.

**예 1-7** 아티큘레이션

# 1-7 스윙 재즈 기보 및 연주법

  스윙 재즈Swing Jazz 스타일의 곡을 연주할 때는 기보음과 실제 연주를 다르게 한다. 스윙 재즈 연주에 있어 가장 중요한 특징은 8분음표 리듬을 3연음 리듬으로 [예 1-8]과 같이 연주한다는 점이다.

**예 1-8**  스윙 재즈 기보와 연주법

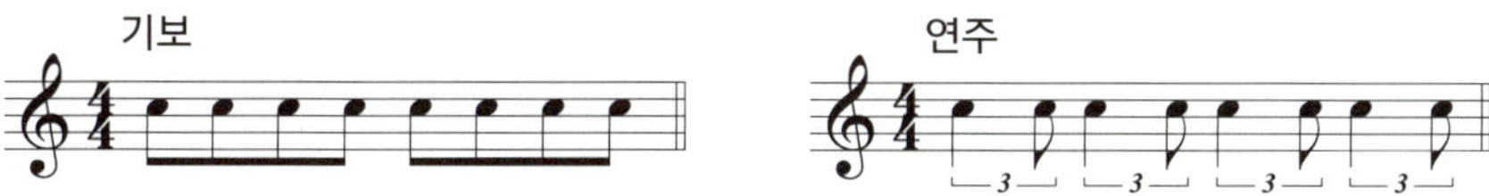


  [예 1-9]는 베니 굿맨(Benny Goodman, 1909~1986)이 1936년 작곡한 유명 스윙 재즈곡《싱싱싱Sing Sing Sing》의 기보된 악보와 실제 연주를 비교한 악보이다.

**예 1-9**  굿맨,《싱싱싱》

# 1-8 표준고도 A=440Hz와 튜닝 표준음의 변천사

표준고도Standard Pitch는 악기 조율을 위한 음높이의 국제 기준으로, 음악이 발전함에 따라 점차 변화해왔다. 19세기 말까지 각국은 다양한 표준음을 사용했으나, 1859년 파리 회의에서 A=435Hz를 기준으로 결정하며 표준화를 시작했다. 이후 1885년 빈 회의에서 이를 국제고도 International Pitch로 명명했다. 1939년 런던에서 열린 국제 표준화 기구International Organization for Standardization(ISO)는 A=440Hz를 새로운 국제 표준으로 채택하였고, 대부분의 악단은 오늘날까지 이때 정해진 표준고도를 사용하고 있다.

현재 악기를 튜닝할 때 A=440Hz가 국제 표준으로 적용되지만, 전문 관악단과 오케스트라는 대체로 A=442Hz~444Hz를, 동호인 및 학교 관악단은 A=440Hz를 기준으로 사용한다.

## 튜닝 표준음 변천사

튜닝 표준음Tuning Standard은 시대와 지역에 따라 변화해 온 악기 조율 기준이다. 18세기 중반 헨델과 모차르트는 약 A=422Hz로 튜닝했으며, 1858년 프랑스는 A=435Hz를 표준음으로 공식화했다. 1885년 국제 협약에 따라 A=435Hz가 국제 표준으로 채택되었으나, 이후 약 200년에 걸쳐 오케스트라의 튜닝 피치Pitch Standard는 점차 상승해 현재 440Hz~444Hz 수준에 이르렀다.

현대 주요 교향악단들은 지역적 특성과 전통에 따라 A의 튜닝 피치를 다르게 설정한다. 예를 들어, 미국의 뉴욕 필하모닉, 시카고 심포니, 보스턴 심포니는 주로 A=442Hz를 사용한다. 반면, 유럽에서는 비엔나 필하모닉이 444Hz, 베를린 필하모닉이 443Hz로 튜닝하는 등 대체로 높은 피치를 선호한다. 이는 대규모 공연장에서 음을 더 선명하고 화려하게 들리도록 하기 위한 것으로, 독일 음악원은 이러한 경향을 반영해 피아노의 튜닝 피치를 444Hz로 설정하기도 한다.

네덜란드 로열 콘세르트허바우 오케스트라는 442Hz를 유지하며, 이는 유럽 교향악단 중에서도 상대적으로 낮은 피치에 해당한다. 반면, 영국은 여전히 440Hz를 고수하고 있다.[4]

전문 연주자들은 A=440Hz와 444Hz 사이의 미세한 차이도 예민하게 인식할 수 있으며, 이러한 피치의 차이는 연주자들에게 연주 기법의 섬세한 변화를 요구하기 때문에 심리적 부담으로 작용하기도 한다.

> 헤르츠 Hertz(Hz)는 1초간의 진동수를 말한다.
> 독일 물리학자 하인리히 헤르츠(Heinrich Rudolf Hertz, 1857~1894)의 이름을 따서 헤르츠라고 부른다.

---

[4] 베를린 필, 콘세르트허바우, 영국에서 연주했던 함경(현 핀란드 방송 교향악단 수석 오보이스트)의 설명을 참고

# 1-9 스코어(총보)

지휘자-'컨덕터Conductor'는 라틴어 '콘둑테레Conducere'가 어원이다. '콘둑테레'는 '이끌다, 지도하다'란 뜻이다. 악보를 읽고 해석하여 단원을 이끌 수 있는 사람을 지휘자라고 부른다. 지휘자에게 가장 중요한 도구는 바로 총보, 스코어Score이다. 스코어에는 지휘에 필요한 모든 정보가 들어있다. 스코어의 역할은 다음 세가지로 정리할 수 있다. 첫째, 스코어는 지휘자로 하여금 곡의 전체 구조와 전개 방식을 파악할 수 있게 한다. 둘째, 스코어를 통해 멜로디, 대선율, 프레이징, 화성, 다이내믹, 템포, 리듬, 아티큘레이션 등을 분석할 수 있다. 셋째, 리허설에서 발생하는 문제점을 해결하게 하고, 각 파트의 역할을 정확히 지시할 수 있다.

## 1) 풀 스코어 Full Score

풀 스코어는 모든 연주자의 악보를 한 악보에 모아, 지휘자가 한 번에 전체를 파악할 수 있게 작성된 지휘자용 악보이다. 클라리넷, 색소폰, 트럼펫, 호른 등 이조악기는 각 악기별로 이조된 '기보음'으로 표기된다. 풀 스코어는 모든 것이 표시 되어있는 정밀 지도와도 같지만, 잦은 악보 넘김으로 인해 지휘자가 불편을 느낄 수도 있다. 전문가용 스코어의 경우 30여 개의 오선보Stave를 한눈에 읽어야 하기 때문에 지휘자는 이에 대한 전문 교육과 경험이 필요하다. 전문 지휘자가 아닌 경우 각 이조악기의 실음 파악에 어려움을 겪을 수도 있으므로 스코어 리딩Score Reading이 부담될 수 있다.

## 2) 콘덴스 스코어 Condensed Score

콘덴스 스코어는 작곡가, 편곡자의 작품을 단순화하고 압축하여 주요 요소만을 포함한 약식 스코어이다. 피아노 악보와 유사하며 2단 또는 3단으로 되어있다. 이조악기를 포함한 모든 악기는 in C로 기보한다. 콘덴스 스코어는 곡의 구조 파악과 화성을 공부하는데 용이하고, 지휘할 때 악보를 자주 넘기지 않아도 되어 편리하다. 그러나 콘덴스 스코어는 간단하게 표시된 약도처럼 생략되고 압축되어 있기 때문에, 세밀한 연구와 깊이 있는 분석의 용도로 쓰기에는 한계가 있다.

## 3) 스코어 스터디 Score Study

### 1단계, 스코어 공부를 위한 기초 단계

학습할 스코어로 출판사 원본과 동일하게 첫 페이지부터 마지막 페이지까지 모두 포함되어 있는 총보를 준비한다. 학습자는 스코어의 첫 페이지 제목부터, 둘째 페이지의 작곡가 소개, 곡목 소개(해설), 악기 편성Instrumentation까지 모든 정보를 세심히 읽어본다. 그 후 스코어의 악보 첫 페이지, 악기 편성과 악보 편집 상의 특별한 점이 없는지 확인한다. 다음으로 스코어의 모든 템포, 박자와 조표를 확인하며 생소한 형식이나 기보법을 파악한다.

### 2단계, 스코어 리딩

총보 전체 페이지를 한 눈에 본다는 편안한 마음으로 스코어를 읽어 나가는 것이 스코어 리딩 Score Reading의 출발이다. 어려운 부분이 나오더라도 멈추지 않고 계속 읽어 나간다. 이때, 스코어를 분석하지 말고 음악적 연상과 직관을 응용하여 곡 전체를 이해하려고 노력해야 한다. 스코어 리딩이 끊기지 않고 편해질 때까지 수차례 이 과정을 반복한다. 유의할 점은 연주곡 녹음 음원부터 찾아 들어보는 습관을 버려야 한다는 것이다. 학습자가 스코어를 음원과 함께 공부할 경우 주 선율과 리듬에만 집중하게 되어 화성, 대선율, 그리고 파트별 중복음을 파악하기 어렵다. 그 결과, 학습자는 음원의 지휘 스타일을 무비판적으로 따르게 된다.

### 3단계, 스코어 분석

본격적인 곡 분석Score Analysis을 시작하는 단계이다. 먼저 음악을 구성하는 가락Melody, 프레이징Phrasing, 화음Harmony, 형식Form을 분석한다. 다음으로 리듬Rhythm, 셈여림Dynamic, 아티큘레이션Articulation을 확인한다. 새로운 음악 용어Music Terms를 발견하면 인터넷이나 음악 사전을 통해 검색하고, 작곡가의 작품 작곡 배경, 시기 등 필요한 정보를 수집한다. 이 과정에서 필요하면 피아노를 연주해보고, 메트로놈을 활용하여 정확한 템포와 리듬을 확인한다. 스코어 분석이 충분히 이루어졌다면, 학습자는 스코어를 처음부터 다시 읽으면서 마음속으로 관악단의 사운드를 그려보며 자신의 작품 해석을 완성한다. 이제 다른 지휘자의 연주를 감상하며 자신의 작품 해석과 비교할 차례이다. 먼저, 음악 스트리밍 서비스나 유튜브에서 두 명의 지휘자 연주를 선택해서 감상한다. 이때 학습자는 자신의 해석과 다른 지휘자의 해석을 비교하고 분석하는 비판적 사고를 통해 다른 지휘자의 연주를 감상해야 한다.

### 4단계, 지휘

학습자가 리허설Rehearsal을 시작하는 마지막 단계에 도달했다. 1단계부터 3단계까지 체계적이고 심층적인 연구와 분석을 통해 지휘에 필요한 충분한 지식을 갖추었으니, 이제 당신만의 고유한 음악적 해석을 바탕으로 연주자들과 함께 작품을 완성해 나가면 된다.

## 4) 스코어 암보 Memorizing the Score

35년간 베를린 필하모닉을 이끈 세계적 지휘자 헤르베르트 폰 카라얀(Herbert von Karajan, 1908~1989)은 악보를 외워서 지휘하는 암보에 대해 다음과 같이 말했다. "암보로 지휘하는 것은 도로의 난코스에서 자신의 잠재력을 최대한 발휘하여 정확한 순간에 가속과 제동하는 것과 같다." 당신이 초행길을 간다고 가정해보자. 지리에 익숙하지 않은 당신은 막연한 불안과 긴장감을 느낄 것이다. 갑자기 나타난 급커브에 놀라 브레이크를 밟거나 복잡한 교차로 신호등에 당황할 수도 있으며, 일방 통행로에 잘못 들어서서 쩔쩔맬 수 있다.

그러나 매일 출근하는 익숙한 도로는 어떠한가. 당신은 알맞은 속도로 부드럽게 운전하고, 위험한 구간에서는 속도를 줄이고, 드라이브를 즐기면서 안전하게 목적지에 도착할 수 있다. 스코어를 외우면, 지휘자는 마치 승용차를 능수능란하게 운전하는 것처럼 관악단을 지휘하게 된다. 암보를 하는 지휘자는 연주자와 눈으로 교감Eye Contact하고, 곡의 난해한 부분에서 연주자의 주의를 상기시키며, 각 파트 솔로Solo에 필요한 정확한 큐Cue를 줄 것이다. 대다수의 지휘자는 연주회에서 보면대 위에 스코어를 놓고 지휘하지만, 사실 지휘에 필요한 모든 정보를 이미 암기하고 있다. 암보로 지휘하면, 지휘자는 공연의 음악적 완성도를 크게 높일 수 있다.

## 5) 관악 스코어의 악기 배열 순서

유럽의 관악 스코어는 전통을 중시하여 관현악 편성 방식에 따라 악기를 배열한다. 예를 들어, 오보에 아래에 바순을 배치하는 것은 겹리드 악기들의 음색적 조화와 역할의 보완 관계, 음향적 균형을 고려한 고전 시대 악기 배치의 역사적 전통에서 비롯된다.

반면, 미국의 관악 스코어는 더 실용적으로 접근하여 주로 음역을 기준으로 악기를 배열한다.

현대에는 미국식과 유럽식 스코어의 경계가 점차 사라지면서, 일부 작곡가들은 독창적이고 유연한 방식으로 악기를 배열하기도 한다.

### (1) 오케스트라 스코어

오케스트라의 스코어는 목관악기, 금관악기, 타악기, 현악기 순으로 배열된다. [예 1-10]는 베토벤(Ludwig van Beethoven, 1770~1827) 《교향곡 제5번 '운명'Symphony No. 5, Op. 67》의 1악장이다. 모차르트의 초기 교향곡에는 클라리넷이 없으며, 바순은 오보에 아래에 배치되었다. 베토벤은 클라리넷 아래에 바순을 두었다. 이 교향곡은 플루트 2, 오보에 2, 클라리넷 2, 바순 2, 호른 2, 트럼펫 2, 팀파니로 구성된 전형적인 2관 편성이다.

Allegro con brio
Flute I, II
Oboe I, II
B♭ Clarinet I, II
Bassoon I, II
E♭ Horn I, II
C Trumpet I, II
C, G Timpani
Allegro con brio
Violin I
Violin II
Viola
Cello
Contrabass
ff

## (2) 유럽식 관악 스코어



- **곡명:** 교향곡 제1번 '반지의 제왕'
- **작곡:** 요한 데 메이
- **출판:** Amstel Music(Grade 4~6)

네덜란드 작곡가 요한 데 메이(Johan de Meij, 1953~) 《교향곡 제1번 '반지의 제왕'Symphony No. 1 'The Lord of the Rings'》은 J. R. R. 톨킨의 동명 소설에서 영감을 받아 5개 악장으로 작곡된 관악 교향곡이다. 제1악장 마법사 '간달프Gandalf'를 통해 알 수 있듯, 각 악장은 '반지의 제왕'의 주요 캐릭터와 모티브를 주제로 하고 있다. 교향곡 제1번은 1984년 작곡을 시작하여 1987년에 완성되었다. 이후 1988년 3월 노지(N. Nozy)의 지휘로 벨기에 왕립 군악대 Groot Harmonie-Orkest van de Gidsen에 의해 초연되었다. 이 작품은 1989년 미국 시카고 '서들러Sudler 국제 관악 작곡 콩쿠르'에서 1등을 수상하였다. 관악단은 일반적으로 관현악곡을 관악용으로 편곡하여 연주한다. 그러나 《교향곡 제1번》은 관악 작품이 교향악단을 위한 오케스트라 버전으로 편곡된 드문 사례이다. 메이의 《교향곡 제1번》 관현악 버전은 로테르담 필하모닉에 의해 초연되었으며, 이후 런던 심포니 녹음으로 2011년에 CD가 발매되었다.

'유럽 관악 스코어' 악기 배치는 고전 시대 전통을 따르고 있다.
*바순: 겹리드 악기군으로 분류하여 오보에 아래 배치.
*호른: 목관과 금관 섹션 사이에 배치하여 음향적 균형을 유지.

## (3) 미국식 관악 스코어

- **곡명: 어메이징 그레이스**
- **작곡: 프랭크 티켈리**
- **출판: Manhattan Music(Grade 3)**

작곡가 프랭크 티켈리(Frank Ticheli, 1958~)는 남가주대 손톤 음악대학USC-Thornton의 작곡과 교수로, 미국의 대표적인 관악 작곡가이다. 주요 작품으로는 2006년 발표된 《관악 교향곡 제2번Symphony No. 2 for Concert Band》이 있다. 이 곡은 미국 관악 협회 주최 '윌리엄 레벨리 기념 관악 작곡 콩쿠르NBA/William D. Revelli'에서 우승한 작품이다. 청소년 관악단을 위해 작곡된 《어메이징 그레이스Amazing Grace》는 세계적인 베스트셀러이다. 작곡가 티켈리는 이 작품에 대하여 "나는 《어메이징 그레이스》 원곡의 강력함과 영적인 단순함을 반영하기 위해 기교를 피하였다. 나는 진실하고 솔직한 작품을 원하여 전통적인 기법으로 작곡하였다."라고 설명하고 있다. 《어메이징 그레이스》는 존 휘트웰(J. H. Whitwell)의 위촉으로 작곡되었고, 1994년 2월 10일 존 휘트웰 지휘로 미시간 대학 윈드 심포니에 의해 초연되었다.

> '미국 관악 스코어'는 음역순으로 악기를 배치한다.
>
> **A** 바순: 바순은 베이스 클라리넷보다 더 낮은 음역을 연주할 수 있기 때문에 클라리넷 아래에 배치.
>
> **B** 호른: 트럼펫이 소프라노 음역을 담당하는 반면, 호른은 알토 음역을 맡기 때문에 트럼펫 아래에 호른을 배치.

**예 1-12** 티켈리, 《어메이징 그레이스》

## (4) '알프레드 리드' 관악 스코어

- **곡명:** 엘 카미노 레알
- **작곡:** 알프레드 리드
- **출판:** Hal Leonard(Grade 4~5)

미국 작곡가 알프레드 리드(Alfred Reed, 1921~2005)는 250곡이 넘는 관악 작품을 발표한 세계적인 관악 작곡가이다. 《엘 카미노 레알(라틴 판타지)El Camino Real(A Latin Fantasy)》은 스페인어로 '왕의 길'이란 뜻으로, '라틴 판타지'라는 부제를 가지고 있다. 이 작품은 스페인의 북부지방 전통적인 민속 춤곡 '호타Jota'와 안달루시아 지방의 무곡 '판당고Fandango'를 사용한 정열적인 스페인풍의 관악작품이다. 《엘 카미노 레알》은 미국 581 공군 군악대가 위촉한 작품으로, 1985년 4월 톨러(Ray E. Toler)의 지휘로 581 공군 군악대가 초연하였다. 리드는 미국 작곡가이지만, 《엘 카미노 레알》은 유럽 전통에 따라 스코어를 작성하였다.

'알프레드 리드'는 미국 작곡가이지만, 그의 작품 《엘 카미노 레알》의 총보는 유럽식 관악 스코어 배치와 동일하다.
- **A** 바순: 오보에, 잉글리시 호른 아래에 배치.
- **B** 호른: 목관악기와 금관악기 사이에 배치.

## (5) 영국식 브라스 밴드 스코어

영국식 브라스 밴드British Brass Band는 금관악기와 타악기로 구성된다. 스코어의 특이한 점은 낮은음자리표를 사용하는 모든 악기(트롬본, 유포니움, 바리톤, 튜바)를 높은음자리표로 기보한다는 것이다.

단, 베이스 트롬본은 유일하게 낮은음자리표를 사용한다. 브라스 밴드에서 높은음자리표를 사용하는 것은 아마추어 금관 연주자를 위한 것으로 추정되지만, 정확한 이유는 알려진 바가 없다.

**예 1-14** 영국식 브라스 밴드 스코어

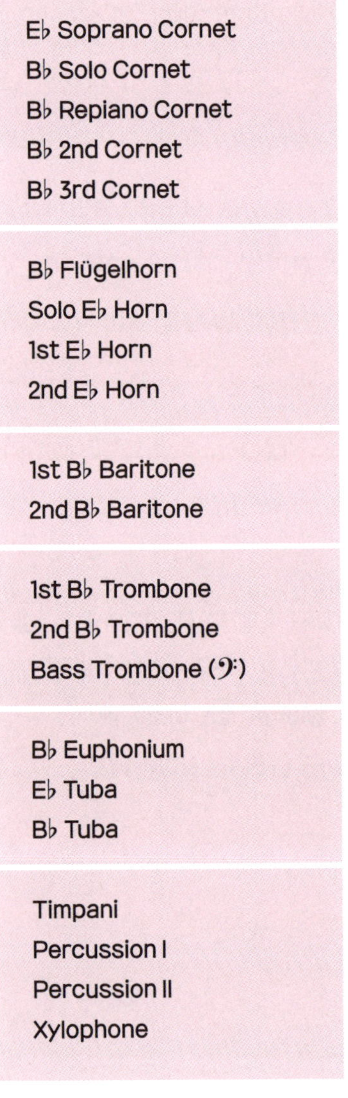


**Brass Band 악기편성**

E♭ Soprano Cornet
B♭ Solo Cornet
B♭ Repiano Cornet
B♭ 2nd Cornet
B♭ 3rd Cornet

B♭ Flügelhorn
Solo E♭ Horn
1st E♭ Horn
2nd E♭ Horn

1st B♭ Baritone
2nd B♭ Baritone

1st B♭ Trombone
2nd B♭ Trombone
Bass Trombone (𝄢)

B♭ Euphonium
E♭ Tuba
B♭ Tuba

Timpani
Percussion I
Percussion II
Xylophone

## (6) 모차르트 관악 스코어

• **곡명:** 13대의 관악기를 위한 《세레나데 제10번 '그랑 파르티타'》
• **작곡:** 볼프강 아마데우스 모차르트


모차르트(Wolfgang Amadeus Mozart, 1756~1791)의 《세레나데 제10번 Serenade in B♭ for 13 Winds, K. 361/370a》은 1781년 또는 1782년에 작곡되었다. 《세레나데 제10번》은 대규모 모음곡을 뜻하는 '그랑 파르티타 Gran Partita'라는 부제로 유명하다. 《세레나데 제10번 '그랑 파르티타'》는 당시 음악계에 전례 없는 혁신을 가져온 관악 작품이었다. 12대의 관악기와 1대의 더블베이스로 구성된 대편성, 7악장의 다악장 형식, 40분에 달하는 긴 연주시간 등은 《세레나데 제10번》이 대작품으로 불리는 이유이다. 리하르트 슈트라우스(Richard Strauss)는 《세레나데 제10번》의 영향을 받아 《13개의 관악기를 위한 세레나데 Serenade for 13 Wind Instrument》를 작곡하였다. 이 작품은 안톤 브루크너(Anton Bruckner), 구스타브 홀스트(Gustav Holst), 세르게이 프로코피예프(Sergei Prokofiev) 등 많은 후대 작곡가에게 영감을 주었다.

**악기편성**

Oboe I, II
B♭ Clarinet in I, II
*F Basset Horn I, II
E♭ Horn I, II
B♭ Horn I, II
Bassoon I, II
Contrabassoon or Contrabass

Buffet Crampon
'Basset Horn Clarinet – F'

*바셋 호른 Basset Horn은 모차르트 시대에 사용되던 F조의 클라리넷 계열 악기로, 클라리넷보다 더 낮은 음역을 연주할 수 있다. 오늘날에는 바셋 호른이 없을 경우, 클라리넷으로 대체하여 연주하기도 한다.

바셋 호른과 알토 클라리넷은 외형이 비슷해 사진만 보고서는 둘을 착각할 수 있다. 그러나 바셋 호른은 F조로, 알토 클라리넷은 E♭조로 조율된다. 또한 바셋 호른은 알토 클라리넷보다 더 넓은 음역을 가지고 있으며, 부드럽고 따뜻한 저음을 낸다는 특징이 있다.

 **모차르트, 《세레나데 제10번 '그랑 파르티타'》 3악장 자필 악보**

 **모차르트, 《세레나데 제10번 '그랑 파르티타'》 3악장 현대 출판 악보**

# 1-10 관악단의 자리 배치(Band Seating)

## 1) 관악단의 자리 배치 개론

관악 지휘자에게 각 악기의 연주자를 배치하는 일은 매우 중요하다. 자리 배치는 '밴드 시팅 Band Seating'이라고 한다. 청중이 최상의 연주를 경험하기 위해서는 악기 배치를 세심하게 조정하는 것이 필수적이다. 미국의 저명한 관악 전문 작곡가 로버트 셀던(R. Sheldon)은 "윈드 밴드 지휘자는 단원의 자리를 지정할 때 반드시 네 가지 점을 고려해야 한다."라고 했다.

① 연주자가 서로 잘 들을 수 있고, 관객들이 연주를 잘 감상할 수 있는 자리 배치

② 레퍼토리(협연, 곡 중 솔로 등)를 고려한 자리 배치

③ 각 파트별 1번 연주자 중심으로 한 자리 배치

④ 앙상블을 고려한 자리 배치(예를 들어, '튜바' 같은 저음 금관악기와 '콘트라베이스 클라리넷' 같은 목관 저음악기가 동일한 패시지를 연주하는 경우 같은 위치 배치)

[예 1-17]는 관악단에서 클라리넷과 색소폰을 서로 마주보게 배치한 잘못된 사례이다.

**예 1-17** 직선형으로 잘못 배치된 관악단

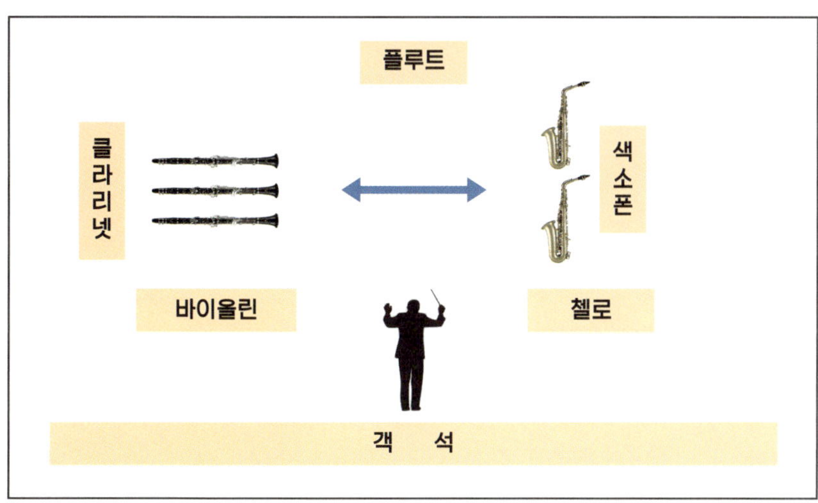

[예 1-17]과 같이 많은 관악단이 클라리넷과 색소폰을 교향악단의 바이올린과 첼로 자리에 배치하는 경우가 있다. 그러나 이러한 배치는 매우 좋지 않다. 이는 클라리넷의 벨(Bell, 소리가 나오는 끝부분)이 색소폰을, 색소폰의 벨이 클라리넷을 향하게 되기 때문이다. 한번 생각해 보라. 클라리넷 독주회에서 연주자가 청중을 등지고 벽을 향해 연주하는 경우를 본 적이 있는가?

관악단의 악기 배치 또한 [예 1-18]처럼, 관악기 벨이 가능한 한 청중을 향하도록 고려되어야 한다.

**예 1-18  관악단 자리 배치**

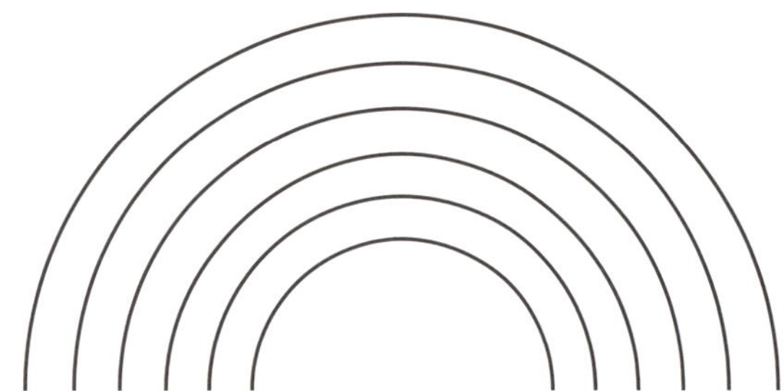

베를린 필하모닉 오케스트라 콘서트 홀 [5]

## 타원형 관악단 배치의 장점

① 타원형 구조는 음향을 여러 방향으로 고르게 퍼뜨려, 특정 파트의 소리가 묻히지 않도록 한다. 특히 금관악기와 타악기의 강한 소리를 균형 있게 분산시키는 데 유리하다.

② 전통적인 직선형 배치에 비해, 각 파트의 연주자들이 서로를 더 잘 볼 수 있어 시각적 소통에 유리하다.

③ 각 연주자가 지휘를 쉽게 볼 수 있어, 지휘자의 의도를 세심하게 연주에 반영할 수 있다.

④ 무대 공간을 효율적으로 사용할 수 있다.

⑤ 관악단 전체가 하나로 모여 있다는 느낌을 주어 음악적 통일감을 높인다.

## 2) 도쿄 고세이 윈드 오케스트라 배치도

- **공연명: 창립 40주년 기념 연주회(제66회 정기연주회)**
- **일 시: 2000년 4월 20일**
- **장 소: 도쿄 문화회관**
- **지 휘: 프레더릭 펜넬**

프레더릭 펜넬(Frederick Fennell, 1914~2004)이 도쿄 고세이 윈드 오케스트라Tokyo Kosei Wind Orchestra를 마지막으로 지휘한 연주회이다. 2004년 펜넬이 사망한 후 TKWO는 그의 업적을 기리기 위하여 창립 40주년 기념 연주회 실황 앨범《마에스트로 프레더릭 펜넬 추모 DVD》를 발매하였다.[6]

### PROGRAM

Howard Hanson - Chorale and Alleluia
Richard Strauss - Allerseelen, Op. 10, No. 8
August Söderman - Swedish Folk Songs and Dances
Clifton Williams - Symphonic Suite
Igor Stravinsky - Suite from Ballet 'The Firebird'
William Walton - Crown Imperial
Pyotr Ilyich Tchaikovsky - None but the Lonely Heart, Op. 6, No. 6
John Philip Sousa - King Cotton

### 도쿄 고세이 윈드 오케스트라(Tokyo Kosei Wind Orchestra)

도쿄 고세이 윈드 오케스트라(TKWO)는 1960년 불교도협회의 지원을 받아 36명의 단원으로 창단되었다. TKWO는 현대 관악의 선구자로 널리 인정받는 미국 '이스트만 윈드 앙상블Eastman Wind Ensemble'의 프레더릭 펜넬(Frederick Fennell, 1914~2004)을 1984년부터 1996년까지 상임 지휘자로 초빙하여 세계적인 관악단으로 발돋움하게 되었다. TKWO는 방대한 레퍼토리와 최고 수준의 앙상블을 자랑하며 세계 최정상의 관악단으로 평가받고 있다. 또한 창작 관악 작품부터 팝, 영화음악 등 다양한 장르의 음반을 발매하고 있다.

---

[6] Tokyo Kosei Wind Orchestra, Frederick Fennell Remembered(wind vol.2), Brain Music, 2005

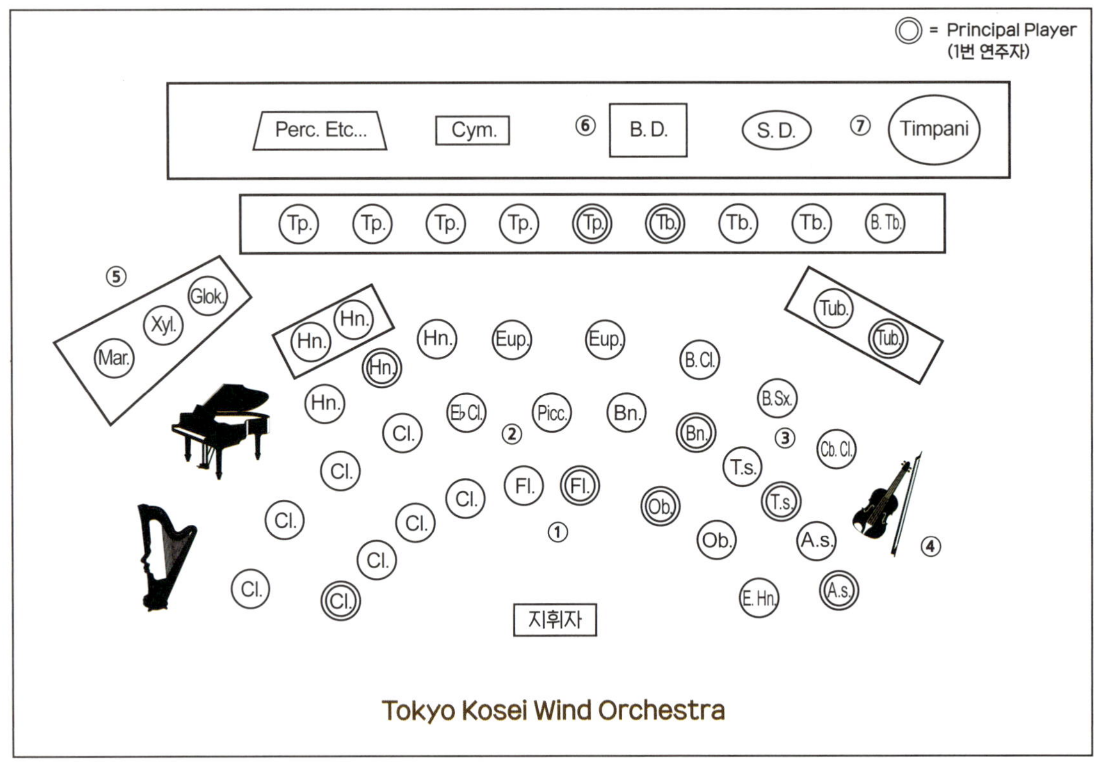


① 목관악기는 벨 방향이 청중을 향할 수 있도록 타원형으로 배치하였다.

② 피콜로(Picc.)와 E♭ 클라리넷(E♭ Cl.) 등 최고음을 담당하는 목관악기는 두 번째 열에 배치하여 밴드 전체 밸런스가 깨지지 않도록 배치하였다(최고음을 1번 열에 배치할 경우 고음역의 날카로운 음색이 너무 두드러짐).

③ 베이스라인을 담당하는 스트링 베이스, 콘트라베이스 클라리넷(Cb. Cl.), 바리톤 색소폰(B. S.), 베이스 클라리넷(B. Cl.), 튜바(Tub.)이 세 번째 열 우측에 배치되어 연주자들이 서로의 소리를 잘 들을 수 있게 배치하였다.

④ 스트링 베이스(Db.)는 음량이 튜바, 베이스 라인을 담당하는 목관악기에 비하여 약하기 때문에 객석과 가까운 방향으로 배치하였다.

⑤ 말렛 퍼커션(Mallet Percussion: Mar., Xylo., Glock.)은 바깥쪽부터 저음역 악기, 고음역 악기순으로 배치하였다(마림바–실로폰–글로켄슈필 순). 이는 피콜로와 마찬가지로 최고음을 담당

하는 말렛 악기의 고음을 순화하기 위한 배치이다.

⑥ 베이스 드럼(B. D.)은 스네어 드럼(S. D.) 좌측에 배치하여 팀파니와의 간섭을 피하도록 하였다.

⑦ 팀파니(Timp.)는 오케스트라에서는 가장 중앙에 배치한다. 이는 고전(모차르트, 하이든 교향곡 등) 연주 시 트럼펫과 함께 팀파니가 리듬을 담당하면서 팀파니를 트럼펫과 가까운 정중앙에 배치하는 관례에서 시작된 것이다. 그러나 관악합주에서는 팀파니가 베이스라인을 담당하기 때문에 튜바와 같이 우측에 배치하는 것이 일반적이다.

## 3) 관악의 거장 '프레더릭 펜넬' Frederick Fennell

### (1부) 프레더릭 펜넬을 말하다

2004년 12월 9일 뉴욕 타임즈에는 "혁신적인 관악 지휘자, 프레더릭 펜넬, 90세로 우리 곁을 떠나다."라는 부고 기사가 실렸다. 기사에서는 "그는 수자(John Philip Sousa) 이후 가장 유명한 관악 지휘자였다."라는 댈러스 윈드 심포니 예술감독 제리 정킨(Jerry Junkin)의 추모사가 전해졌다. 또한 1952년부터 시작된 최초의 '윈드 앙상블 녹음', 관악 합주의 새로운 표준을 세운 '윈드 앙상블 창단', 50여 년에 걸친 '관악 교육'에 대한 헌신 등 그의 업적도 소개되었다. 나는 한국에서 그의 소식이 다뤄졌는지 신문과 포털, 인터넷 뉴스를 샅샅이 살펴보았다. 그러나 그에 관한 언급은 어디에서도 찾을 수 없었다. 우리는 그를 기억하지 않는다. 나는 그날 펜넬의 삶과 발자취를 다시금 되새겨 보았다.

나는 가끔 관악 이론 강의 시간에 관악 지휘자나 수강생들에게 이렇게 묻곤 했다.
"혹시 좋아하는 작곡가, 존경하는 지휘자 있으세요?"
"네, 있죠. 베토벤, 차이콥스키, 말러, 지휘자는 카라얀, 번스타인… 클라우디오 아바도."
"관악 지휘자나 관악 작곡가 중에는 누구를 좋아하세요?"라고 내가 되물으면,
"…"
잠시 침묵이 흐른 뒤, 대화는 자연스레 다른 주제로 넘어간다.

프레더릭 펜넬(Frederick Fennell)은 약자로 FF라고 쓴다. 음악 기호 $f\!f$ 포르티시모는 '아주 세게'란

뜻이다. 펜넬의 자서전 제목도 『FFortissimo』이다.[7] 프레더릭 펜넬(이하 FF)은 관악을 예술의 경지로 끌어 올려 창작 관악의 시대를 연 선구자였다. 야외 음악회와 행진을 하던 밴드를 콘서트장으로 옮겨 놓은 혁신가였다. 1958년 번스타인(Leonard Bernstein)이 뉴욕 필하모닉 상임 지휘자로 취임했을 때 펜넬은 '이스트만 윈드 앙상블'과 네 번째 음반을 발표한 열정가였으며, 일본의 '도쿄 고세이 윈드 오케스트라'를 세계 최정상 관악단으로 탈바꿈시킨 거장이었다. FF, 그는 우리 관악인에게 포르티시모의 아주 큰 울림을 남겼다.

## (2부) 프레더릭 펜넬의 생애 (1914~2004)

프레더릭 펜넬(Frederick Fennell, 이하 FF)은 1914년 7월 2일 미국 클리블랜드에서 태어났다. 그는 삼촌의 영향으로 7살 때부터 타악기를 연주하며 음악 생활을 시작하였다. 1931년 음악캠프에서 미국 행진곡의 왕 수자(John Philip Sousa, 1854~1932)가 지휘하는 밴드에서 베이스 드럼을 객원 연주하기도 하였다. FF은 스스로 "나는 수자의 큰북 연주자다."라고 말할 정도로 관악에 대한 열정을 가지고 있었다. FF은 미국의 관악 명문 '이스트만 음악원Eastman School of Music' 최초의 타악기 전공자였고, 1939년 음악이론으로 동 대학원에서 석사 학위를 취득하였다. FF은 로체스터 대학 미식 축구팀을 위하여 이스트만 음악원의 관악 전공자를 중심으로 '마칭 밴드'를 결성하였다. FF은 155cm의 단신이지만 마칭 밴드의 맨 앞에서 마칭 지휘봉 메이스Mace를 흔들며 행진을 했다.

1952년 9월 20일 FF은 45명의 정예 멤버로 구성된 이스트만 윈드 앙상블Eastman Wind Ensemble의 첫 번째 리허설을 시작한다. 이듬해인 1953년 2월, 그는 드디어 '이스트만 윈드 앙상블' 창단 연주로 관악의 새로운 지평을 열게 된다. 1950년대 미국 관악단은 행진곡과 관현악곡을 편곡한 왈츠, 폴카 등을 주로 연주하고 있었다. FF은 윈드 앙상블을 위한 창작 관악 작품의 필요성을 통감하면서 작곡가 빈센트 퍼시케티(Vincent Persichetti), 퍼시 그레인저(Percy Grainger), 레이프 본 윌리

---

[7] Roger E. Rickson *Ffortissimo* (Ludwig Music Publishing Co., 1993)

엄스(Ralph Vaughan Williams) 등 전 세계 수많은 작곡가에게 새로운 관악 작품 작곡을 요청하는 편지를 쓰게 된다.

더불어 FF은 기존 군악대를 위한 관악곡을 현대적인 관악편성으로 편곡하는 작업을 병행하였다. FF은 이스트만 윈드 앙상블과 함께 이스트만/머큐리 레이블로 22개의 음반을 발매하였고, 당시의 LP 음반은 현재 다양한 음원으로 재발매되며 관악의 명반으로 주목받고 있다. 특히 그레인저(Percy Grainger)가 1937년 작곡한 작품 《링컨셔 포지Lincolnshire Posy》는 스테레오 리뷰Stereo Review지의 '축음기 100주년을 기념하는 50개의 음반' 중 하나로 선정되는 최고의 영예를 안았다. FF의 노력으로 관악은 고유의 레퍼토리를 갖게 됨은 물론 독자적인 음악 영역을 확보하게 된다.

이스트만 음악원을 떠난 FF은 1962년 미네소타, 댈러스, 보스턴, 클리블랜드 등에서 지휘 활동을 하였으며 『미국 음악역사』 외 몇 종의 음악 전문서적을 집필하였다.

1984년부터 1989년까지 '도쿄 고세이 윈드 오케스트라' 상임 지휘자로 활동하면서 일본 관악을 세계적인 수준으로 끌어올렸다. FF은 수많은 연주와 녹음으로 권위 있는 상을 수상하였으며, 루드비히 음악 출판사Ludwig Music를 설립하여 관악 레퍼토리 보급에 앞장섰다.

프레더릭 펜넬은 현대 관악의 선구자이자 관악 교육과 발전에 평생을 헌신한 위대한 지휘자였다.

# 1-11 연주회 프로그램 구성

관악 지휘자의 가장 중요한 역할과 책임은 연주회 프로그램 구성이다.

지휘자는 프로그램을 구성할 때 다음 3가지 질문을 스스로에게 던져야 한다.

- **누구를 위해 어디서 연주하는가?**
- **어떤 연주 주제를 가지고 있는가?**
- **프로그램 구성은 다양한가?**


대상, 장소, 주제, 다양성을 반영하여 프로그램을 구성했다면 이제 다음의 요소들을 점검할 차례이다.

첫째, 모든 곡의 연주 시간을 확인하여 전체 공연 시간이 길거나 짧지 않은지 판단한다.

둘째, 각 연주곡의 난이도를 확인한다. 어려운 곡을 연속적으로 연주하느라 트럼펫 등 특정 파트의 주력에 문제가 생길 가능성은 없는지 살펴본다.

셋째, 각 곡의 빠르기를 검토한다. 예를 들어, '모데라토-안단테-아다지오'처럼 느린 곡만 이어질 경우 청중이 지루할 수 있다. 반면에 '알레그로-비바체-프레스토'처럼 빠른 템포의 곡이 연속으로 연주되지 않도록 청중을 배려해야 한다.

넷째, 관악단이 평소 연주하는 곡의 난이도가 3단계라면, 프로그램 중 한 곡은 4단계 난이도의 곡을 선곡하자. 연주회를 준비하고 공연을 올리는 과정을 거치며 단원들은 음악적으로 더욱 성숙하고 발전할 수 있다.

## 1) 교향악단 정기 연주회 프로그램

① 누구를 위해, 어디서 연주하는가? - 음악 애호가를 위한 아트센터 음악회

② 어떤 연주 주제를 가지고 있는가? - 베토벤

③ 프로그램의 구성은 다양한가? - 서곡, 협주곡, 교향곡, 소품

고급 레스토랑의 디너 코스는 애피타이저, 인터메조, 메인 메뉴, 디저트가 제공된다. 교향악단의 정기 연주회 프로그램 구성도 디너 코스와 같은 방식으로 전개된다.

**베토벤 《에그몬트 서곡》으로 연주회를 시작한다.**

**솔리스트가 나와 《피아노 협주곡 제5번 '황제'》가 연주된다.**

**휴식 후, 《교향곡 제5번 '운명'》이 연주회의 대미를 장식한다.**

**청중의 요청으로 앙코르 《터키 행진곡》을 끝으로 공연이 종료된다.**

교향악단 연주회 프로그램이 마치 레스토랑 디너 코스(애피타이저-서곡, 인터메조-협주곡, 메인 메뉴-교향곡, 디저트-행진곡)처럼 느껴지지 않는가?

## 2) 댈러스 윈드 심포니 연주회 프로그램

• **공연명**: Premieres and Farewell
• **일   시**: 2024년 4월 9일
• **장   소**: 댈러스 마이어슨 심포니 센터(Meyerson Symphony Center)
• **지   휘**: 제리 정킨

댈러스 윈드 심포니 Dallas Wind Symphony[8]는 1985년에 창단된 미국 최고의 관악단이다. 예술감독은 국제적으로 저명한 관악 지휘자 제리 정킨(Jerry Junkin, 1956~)이다. DWS의 2024년 4월 공연은 세계적 트롬본 교수 조셉 알레시와의 협연과 데이비드 마슬랜카의 기념비적 관악작품《교향곡 제4번 Symphony No. 4》이 주요 프로그램이다.[9]

### PROGRAM

Ron Nelson - Rocky Point Holiday
Chick Corea - Trombone Concerto(Dallas Premiere)
David Maslanka - Symphony No. 4
John Philip Sousa - Easter Monday on the White House Lawn

이제 댈러스 윈드 심포니 공연을, 유명 호텔 레스토랑 쉐프가 손님에게 메뉴를 설명하는 것처럼 들어보자.

"안녕하세요. 오늘 저희가 준비한 애피타이저는 아주 신선한《로키 포인트 홀리데이》입니다. 메인 코스에 앞서 입맛을 새롭게 하는 인터메조로《트롬본 협주곡》을 처음 선보입니다. 기대하시는 메인 요리는 아주 깊은 풍미를 느낄 수 있는《관악 교향곡 제4번》입니다. 디저트로 상큼한 1928년산《수자의 행진곡》으로 마무리합니다."

---

[8] Dallas Wind Symphony는 2010년부터 Dallas Winds로 변경됨.
[9] "Dallas Wind Symphony: Premieres and Farewell", https://dallaswinds.org

# 1-12 관악곡 선정 및 악보 직수입

## 1) 새로운 관악 연주곡 선정

　관악 지휘·지도자의 어려움 가운데 하나는 소속 단체에 맞는 새로운 관악 작품을 선곡하는 일이다. 유명 오케스트라 작품은 지휘 전공과 상관없이 유튜브, 스트리밍 서비스, 클래식 명곡 서적 등을 통해 쉽게 접하고 구입할 수 있다. 그러나 관악 작품은 대부분 1900년대 이후 작곡된 곡들이다. 많은 관악 작곡가들은 현재 왕성히 활동하며 최근까지도 새로운 관악 작품을 발표하고 있지만, 관악 지휘 전공자가 아니라면 관악 작곡가의 작품 정보를 얻기 어렵다. 국내 관악 지휘자가 새로운 관악곡을 알게 되는 경로는 대체로 다음과 같다. 첫째, 타 관악단의 연주회를 관람하는 것. 둘째, 유튜브에서 외국 관악단의 연주회 영상을 시청하거나 유명 관악단의 녹음 음원을 감상하는 것이다.

　여기에 하나 더, 지휘자가 직접 유명 관악 출판사의 관악곡(신곡) 정보를 확인한 후, 선곡한 관악곡을 수입해서 국내 초연하는 방식을 추천한다. 이 방법은 새로운 관악 작품을 처음 연주하는 초연의 성취감을 얻을 수 있으며, 다른 관악 단체에 새로운 작품을 소개하여 국내 관악 레퍼토리 확장에 기여할 수 있다는 의의가 있다. 관악곡 수입을 결정했다면 지휘자는 다음의 절차를 따르면 된다.

## 2) 외국 관악곡 수입 절차

　해외 유명 관악 출판사의 웹사이트를 방문해 보자. 외국 출판사는 악보 구매를 위한 연주곡 정보(작곡가, 연주 편성, 연주 시간, 난이도 등), 데모 음원, 홍보용 스코어를 PDF 파일로 제공하며, 일부 연주곡은 유튜브에서 스코어를 보면서 음원을 들을 수도 있다. 작품을 선곡했다면 출판사가 운영하는 온라인 사이트를 통해 구입하거나, 국내 전문 악보사의 수입 대행 서비스를 이용하면 된다. 해외 온라인 출판사 악보 구입은 아마존과 같은 대형 쇼핑몰 구매 절차와 동일하다. 결제는 신용카드, 온라인 결제 시스템 '페이팔PayPal'로 이루어진다. 세계 최대 음악 출판사 Hal Leonard는 악보를 컴퓨터 프린터로 바로 출력 가능한 디지털 출력 서비스Sheet Music Direct를 제공하고 있다.

## 3) 관악 연주곡 난이도 등급표

관악 연주곡은 1~6단계로 난이도를 구분한다.

| 난이도 | 내 용 | 대 상 |
|---|---|---|
| Grade 1~2 | · 초급 관악단용 악보<br>· 기본 리듬, 음계 사용, 단순한 박자와 리듬<br>· 3분~5분<br>· 편성이 단순하여 소규모 관악단 연주가능<br>· 주요작품:<br>① Circle of Life from The Lion King<br>  – 편곡/출판: M. Sweeny/Hal Leonard<br>② Alpha Spuadron<br>  – 작곡/출판: G. Hills/Alfred Music | · 입문 초등학교 관악단<br>· 입문 중학교 관악단<br>· 입문, 초급 관악단 |
| Grade 3~4 | · 중급 관악단용 악보<br>· 고음역 및 복잡한 리듬 사용, 변박자 포함<br>· 3분~10분 내외 작품<br>· 중편성 관악단 연주가능<br>· 국내 동호인 및 학교 관악단 주요 연주곡<br>· 주요작품:<br>① Highlights from Harry Potter<br>  – 편곡/출판: M. Story/Alfred Music<br>② Variants on a Medieval Tune<br>  – 작곡/출판: N. D. Joio/Hal Leonard | · 상위권 초등학교 관악단<br>· 상위권 중학교 관악단<br>· 중상급 고교 관악단<br>· 대학교 관악단 |
| Grade 5~6 | · 전문 관악단용 악보<br>· 고음역, 특수주법, 변박자, 복합 박자·리듬 사용<br>· 10분~40분<br>· 대편성 관악단용 악보<br>· 주요 창작 관악 작품, 관악 심포니 등<br>· 주요작품:<br>① Symphonic Suite from Star Wars<br>  – 편곡/출판: D. Hunsberger/Warner Music<br>② Symphony No. 1 'The Lord of the Rings'<br>  – 작곡/출판: Johan de Meij/Amstel Music<br>③ Lincolnshire Posy<br>  – 작곡/출판: Percy Grainger/G. Schirmer | · 음악대학 관악단<br>· 전문 관악단 |

# 4) 관악 출판사 및 온라인 구매 웹사이트

다음은 대표적인 관악 음악 출판사 및 온라인으로 관악 악보를 구매할 수 있는 웹사이트이다.

**무료 악보 제공 사이트**

**IMSLP** (국제 악보 도서관 프로젝트 International Music Score Library Project)/www.imslp.org 

방대한 분량의 클래식 및 관악 주요곡 악보 무료 제공 사이트.

저작권이 만료된 작품들이 주로 수록되어 있으며, 다양한 편성의 악보를 무상 제공한다.

## 미국 관악 출판사 및 악보사

| 출판사 및 악보사 | 구 분 | 웹사이트 |
| --- | --- | --- |
| Hal Leonard | 미국 최대 음악출판사 | www.halleonard.com |
| Alfred Music | 관악 및 교육용 음악출판사 | www.alfred.com |
| C. L. Barnhouse Company | 미국 관악 전문 음악출판사 | www.barnhouse.com |
| Sheet Music Plus | 세계 최대 온라인 악보사 | www.sheetmusicplus.com |
| J. W. Pepper & Son, Inc | 미국 유명 관악(기악) 악보사 | www.jwpepper.com |

## 네덜란드 관악 출판사

| 출판사 | 구 분 | 웹사이트 |
| --- | --- | --- |
| Molenaar Edition | 전통의 관악 전문 출판사 | www.molenaar.com |
| Music Shop Europe (De Haske) | 세계적인 하스케 출판사의 유럽 온라인 악보사 | www.musicshopeurope.com |

### 영국 관악 출판사

| 출판사 | 구　분 | 웹사이트 |
|---|---|---|
| Anglo Music | 영국 작곡가 '필립 스파크' 관악 출판사 | www.philipsparke.com |
| Studio Music | 영국 브라스 밴드, 관악 출판사 | www.studio-music.co.uk |

### 스위스 관악 출판사

| 출판사 | 구　분 | 웹사이트 |
|---|---|---|
| Editions Marc Reift | 스위스 관악 전문 출판사 | www.reift.ch |

### 개인간 악보 거래 사이트

| 악보 플랫폼 | 구　분 | 웹사이트 |
|---|---|---|
| Score Exchange | 관악 및 앙상블 작품 개인 거래 사이트 | www.scoreexchange.com |

## 3,000년의 침묵을 깨다: 세계에서 가장 오래된 트럼펫의 저주

1922년 고대 이집트의 신비로운 무덤 속에서, 세계적인 고고학자 하워드 카터가 숨겨진 보물을 발견했다. 그중 가장 놀라운 발견은 3,000년을 거슬러온 두 대의 트럼펫이었다. 그것들은 투탕카멘의 무덤으로부터 온 유일한 생존자로, 세계에서 가장 오래된 연주 가능한 트럼펫이다. 전설에 의하면, 이 트럼펫은 전쟁을 예고하는 신비로운 힘을 지닌 것으로 알려져 있었다고 한다. 1939년 영국 BBC 방송이 전 세계로 이 트럼펫의 연주를 송출한 지 불과 5개월 만에 유럽에서 제2차 세계 대전이 발발했다.

***The oldest trumpets in the world played for the first time in 3264 years!***
(BBC Broadcast from 1939)

# II
# 악기론

# II. 악기론

## 2-1 목관악기 개론

관악단의 목관악기Woodwind 섹션은 플루트, 오보에, 바순, 클라리넷, 색소폰으로 구성된다. 목관악기는 전통적으로 나무로 만든 악기를 의미하지만, 현대에는 재질과 상관없이 플루트와 색소폰도 기술적 특성에 따라 목관악기로 분류된다. 음악의 3요소는 가락Melody, 리듬Rhythm, 화성Harmony이다. 음악의 4요소에는 여기에 음색Timbre이 포함된다. 음색은 악기마다 고유하며, 음악에서 매우 중요한 역할을 한다. 특히 목관악기는 각 악기가 독특한 음색을 가지고 있어, 그 중요성이 더욱 두드러진다.

목관악기의 첫 번째 특징은 바로 다채로운 음색에 있다. 플루트의 밝고 맑은 음색은 청아하고 투명한 느낌을 주며 마치 노란색을 연상시킨다. 오보에는 겹리드로 인해 독특하고 서정적인 음색을 내며, 갈색과도 같은 따뜻한 인상을 준다. 클라리넷은 부드럽고 풍부한 소리를 내며, 다양한 음역을 소화할 수 있어 마치 녹색 숲을 보는 듯한 느낌을 자아낸다. 색소폰은 목관악기의 따뜻하고 부드러운 음색과 금관악기에서 느껴지는 강렬함을 모두 가지고 있어 황금빛을 떠올리게 한다. 바순은 특유의 저음과 깊은 울림으로 인해 포도주색을 연상시킨다. 이처럼 목관악기는 각각의 악기가 고유한 음색과 개성을 지니고 있다.

두 번째 특징은 목관악기가 관악합주의 주요 멜로디를 담당한다는 점이다. 목관악기는 선명한 음색 덕분에 청중에게 주요한 멜로디를 명확히 전달할 수 있으며, 개성 있는 음색을 지녀 주요 테마를 독주로 연주하기에 적합하다.

세 번째 특징은 목관악기가 곡의 화성을 구축하는 중요한 역할을 한다는 점이다. 목관악기는 다른 악기들과 함께 연주되면서 곡의 화성을 풍부하게 하고, 화성적 색채를 더해 음악에 더욱 활기를 불어넣는다. 목관악기 섹션은 관객에게 곡의 분위기와 감정을 효과적으로 전달하며, 음색의 다양성과 기교를 통해 관악단을 다채롭고 생동감 있게 만들어 준다.

# 2-2 플루트, 피콜로

### 1) 플루트 Flute

플루트는 목관악기 중에서 특히 민첩한 악기로, 빠른 패시지를 연주하는 데 뛰어난 능력을 발휘한다. 이는 플루트가 빠른 움직임을 가능하게 하는 키 시스템을 갖추고 있기 때문이다. 플루트는 가볍고 유연한 음색 덕분에 빠른 연주를 효과적으로 소화하며, 특히 높은 음역대에서는 경쾌한 음색으로 기교적인 패시지를 빠르고 정확하게 연주할 수 있다.

플루트는 목관악기 중 유일하게 리드가 없는 마우스 피스를 사용한다. 이로 인해 금관 악기처럼 더블 텅잉Double Tonguing, 트리플 텅잉Triple Tonguing, 플러터 텅잉Flutter Tonguing이 가능하다.

전문 관악단은 플루트 섹션을 한 대의 피콜로와 두 대의 플루트로 구성된 3관 편성으로 배치한다. 또한, 곡에 따라 작곡가는 피콜로 연주자가 3번 플루트를 함께 연주하도록 작곡하기도 한다.

**예 2-1** 플루트 음역

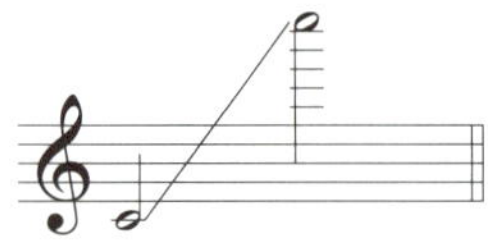

일본 무라마츠 플루트
Muramatsu Flute 'DS MODEL'

플루트의 특수 주법으로는 하모닉스Harmonics, 플러터 텅잉Flutter Tonguing, 키클릭Keyclick이 있다.

**예 2-2** 하모닉스, 플러터 텅잉

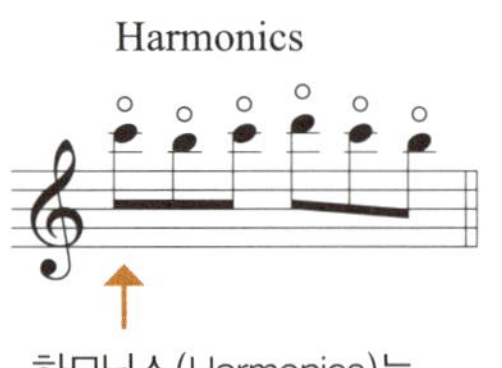


하모닉스(Harmonics)는
악보 위에 작은 동그라미로 표기한다.

플루트 재질별 특징

| 재 질 | 특 징 | 대 상 | 가격대* |
|---|---|---|---|
| 니켈 실버(Nickel Silver) | 구리, 니켈, 아연 합금. 내구성 강함 | 초급 | 약 $500 ~ $1,000 |
| 니켈 실버 + 은 도금 (Silver-plated Nickel Silver) | 니켈 실버 표면에 은 도금 처리. 음색 개선 | 초중급 | 약 $1,000 ~ $2,500 |
| 실버(Sterling Silver) | 92.5% 순은과 합금으로 제작. 음색 풍부 | 중급 이상 | 약 $2,500 ~ $5,000 |
| 골드(Gold) | 10K, 14K, 18K 골드로 제작. 깊은 울림 | 전문 연주자 | 약 $20,000 이상 |
| 플래티넘(Platinum) | 백금. 금보다 밀도가 높아 선명하고 깊은 음색 | 전문 연주자 | 약 $50,000 이상 |

* 미국 내 유명 플루트 악기사 가격 참조

## 2) 피콜로 Piccolo

피콜로는 관악단에서 가장 높은 음역을 내는 악기로, 그 이름은 이탈리아어로 '작은'을 의미하는 피콜로Piccolo에서 유래되었다. 피콜로의 악보는 덧줄을 피하기 위해 실제 소리보다 1 옥타브 낮게 기보된다. 피콜로는 플루트처럼 매우 민첩하며, 빠른 패시지 연주에도 탁월한 능력을 발휘한다. 특히 그 높은 음역대는 휘파람 소리처럼 경쾌하고 명확한 느낌을 자아낸다.

**예 2-3** 피콜로 음역

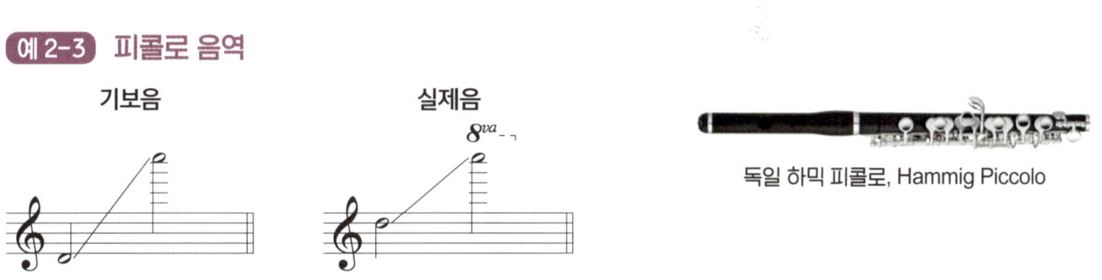


**예 2-4** 수자, 《성조기여 영원하라》 솔로

# 2-3 오보에, 잉글리시 호른

## 1) 오보에 Oboe

전문 관악단의 오보에 섹션은 두 대의 오보에와 한 대의 잉글리시 호른으로 구성된 3관 편성이다. 오보에는 겹리드Double Reed로 인해 목관악기 중 가장 독특하고도 매력적인 음색을 가지고 있다. 이러한 음색 덕분에 오보에는 한국인들이 특히 좋아하는 악기 중 하나로 꼽히기도 한다. 오보에는 목관악기의 '프리마돈나'라고 불리는데, 오페라의 소프라노 가수처럼 서정적이고 아름다운 음색으로 노래할 수 있기 때문이다. 다만, 겹리드 악기 특성상 오보에로 저음을 아주 작게Pianissimo 연주하는 것은 어렵다.

**예 2-5** 오보에 음역

**예 2-6** 모리꼬네, 《가브리엘의 오보에》

## 2) 잉글리시 호른 English Horn

잉글리시 호른은 오보에 패밀리에서 알토 파트를 담당하며, 기보된 음보다 완전5도 낮게 소리나는 F조 이조악기이다. 잉글리시 호른은 그 명칭 때문에 종종 오해를 받기도 하는데, 이 악기는 영국에서 만들어진 것도 아니며 금관악기인 프렌치 호른French Horn과도 아무런 관련이 없다.

**예 2-7** 잉글리시 호른 음역

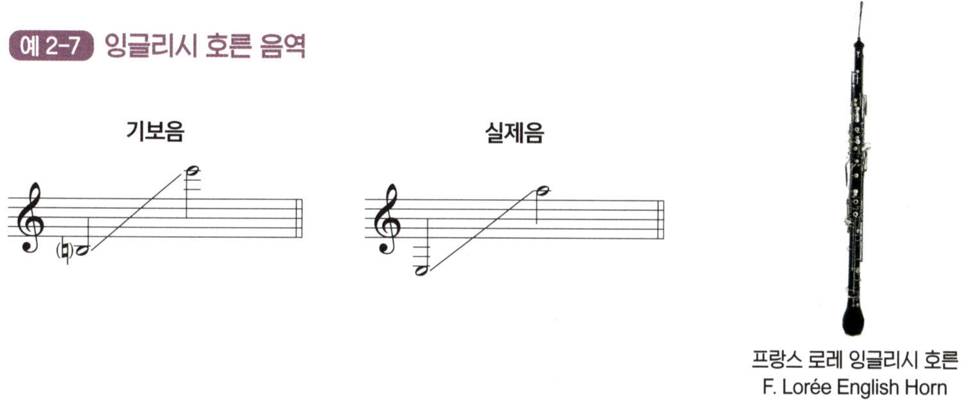


프랑스 로레 잉글리시 호른
F. Lorée English Horn

**예 2-8** 드보르자크, 《교향곡 제9번 '신세계로부터'》 2악장

# 2-4 바순, 콘트라바순

## 1) 바순 Bassoon

바순은 목관악기 중 베이스를 담당하며, 독일어로는 '파곳Fagott'이라 불린다. 바순은 오보에처럼 겹리드Double Reed를 사용한다. 바순의 리드는 휘어진 금속으로 제작된 보칼Bocal 끝에 장착하여 연주한다. 바순은 낮은음자리표로 기보되며, 고음역이 많을 때는 테너 음자리표로 사용하기도 한다. 바순은 저음에서 매우 여리게Pianissimo 연주하기 어렵지만, 빠른 패시지와 서정적인 선율 연주에도 잘 어울린다는 장점이 있다. 특히 저음에서 나오는 바순의 코믹한 음색은 애니메이션의 익살스러운 장면에 유머러스한 분위기를 더해준다.

**예 2-9** 바순 음역

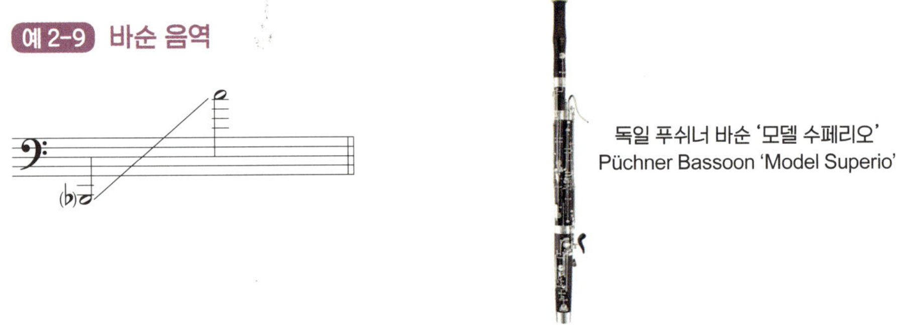

독일 푸쉬너 바순 '모델 수페리오'
Püchner Bassoon 'Model Superio'

**예 2-10** 모차르트, 오페라 《피가로의 결혼》 서곡

## 2) 콘트라바순 Contrabassoon

콘트라바순은 바순보다 1 옥타브 낮은 저음을 담당하며, 관악 교향곡 같은 대편성 작품에서 주로 쓰인다. 콘트라바순 악보는 실제 음보다 1 옥타브 높게 기보된다.

**예 2-11** 콘트라바순 음역

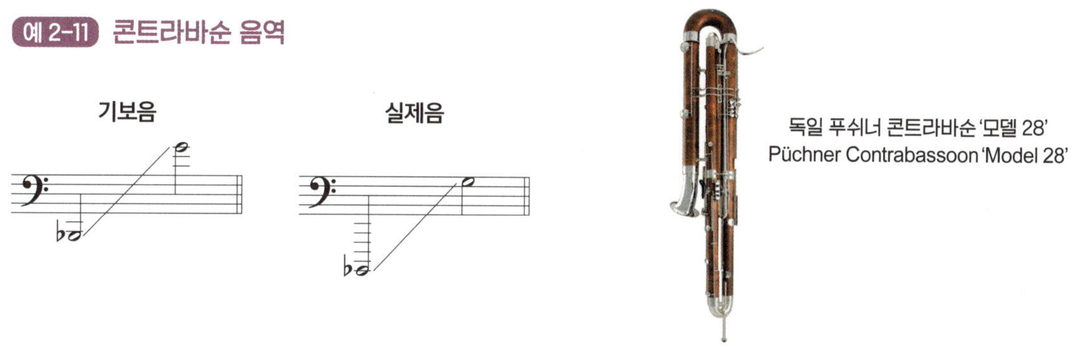


**예 2-12** 브람스, 《교향곡 제3번》 1악장

# 2-5 클라리넷(Clarinet)

## 1) 클라리넷 패밀리

관악단의 클라리넷 섹션은 가장 고음을 담당하는 E♭ 클라리넷, 주선율을 맡는 3부의 B♭ 클라리넷, 알토 음역의 E♭ 알토 클라리넷, 베이스 역할의 B♭ 베이스 클라리넷 등 4종으로 구성된다. 클라리넷은 주선율을 연주하면서, 기교적이고 화려한 패시지를 소화한다. 또한 깊고 풍부한 음색으로 화음을 만들거나, 부드러운 분산화음 아르페지오Arpeggio를 연주한다. 학교나 동호인 관악단을 위한 연주곡은 E♭ 클라리넷과 알토 클라리넷을 제외하기도 한다. 모든 클라리넷은 음역과 상관없이 높은음자리표를 사용한다.

**Buffet Crampon Clarinet**

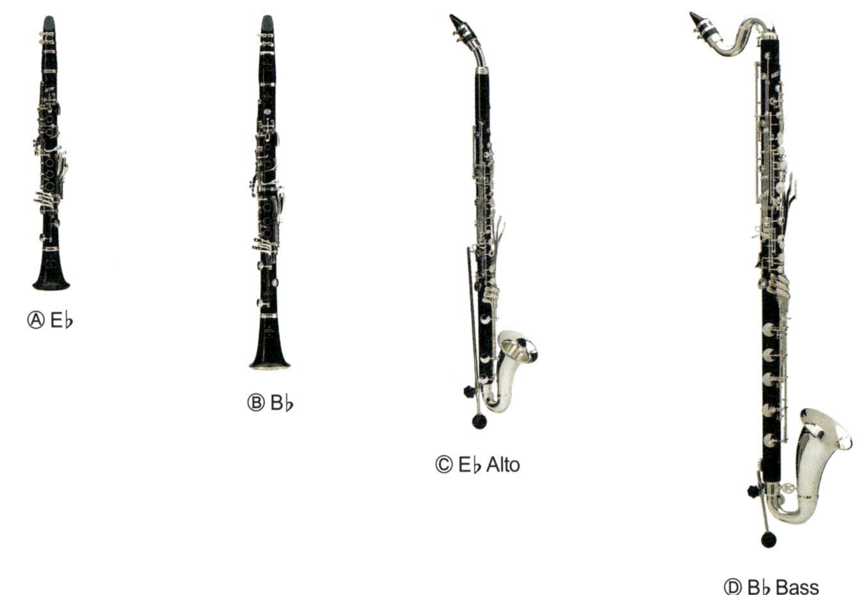


**부페 클라리넷**

Ⓐ E♭ 클라리넷 RC '프레스티지', E♭ RC PRESTIGE (BC 1507)
Ⓑ B♭ 클라리넷 '페스티벌', B♭ FESTIVAL
Ⓒ E♭ 알토 클라리넷 '프레스티지', E♭ PRESTIGE ALTO
Ⓓ B♭ 베이스 클라리넷 '프레스티지' 1193, B♭ PRESTIGE 1193

모든 클라리넷 기보음 클라리넷 실제음

## 2) 클라리넷 섹션

전문 관악단의 클라리넷 섹션 구성은 다음과 같다.

Eb Clarinet

Bb Clartinet I, II, III

Alto Clarinet

Bass Clarinet (Contrabass Clarinet)

구성 인원은 일반적으로 Eb 클라리넷, 알토 클라리넷, 베이스 클라리넷이 각각 1명씩 배치되고, Bb 클라리넷은 각 파트별로 2~3명으로 구성된다. 콘트라베이스 클라리넷은 대편성 관악 교향곡 등에 사용된다. 오케스트라의 A조 클라리넷은 관악단에서는 사용되지 않는다.

예 2-14  일본 도쿄 고세이 윈드 오케스트라 클라리넷 섹션

| 파트 | 연주 인원 |
|---|---|
| Eb Clarinet | 1 |
| Bb Clarinet I | 3 |
| Bb Clarinet II | 3 |
| Bb Clarinet III | 3 |
| Alto Clarinet | 1 |
| Bass Clarinet | 1 |
| Contrabass Clarinet | 1 |

## 3) 클라리넷 기보음 Written Pitch 과 실음 Concert Pitch

클라리넷 이조악기Transposing Instrument를 이해하면, 관악단의 대부분 이조악기를 이해하는 셈이다. 관악단의 이조악기에는 클라리넷 외에도 F조 이조악기인 호른과 잉글리시 호른이 있다. C조 악기를 연주하는 피아노, 플루트, 바이올린과 타악기 연주자들은 이조악기를 이해하는 데 어려움을 겪을 수 있다. 예를 들어, 클라리넷 연주자가 '도(C)'음을 연주했을 때, 피아노나 튜너로 확인해 보면 실제로 들리는 음은 '시♭(B♭)'이다. 이런 클라리넷을 'B♭ 클라리넷'이라고 부른다. 또 다른 클라리넷 연주자가 '도(C)'를 연주했을 때 실제로 '미♭(E♭)'이 들리면, 그 클라리넷은 'E♭ 클라리넷'이라고 한다. 이처럼 연주자가 연주한 음과 실제로 들리는 음이 다른 악기를 '이조악기'라고 한다.

- 관악단 B♭조 이조악기: B♭ 클라리넷, B♭ 트럼펫, B♭ 베이스 클라리넷, B♭ 테너 색소폰
- 관악단 E♭조 이조악기: E♭ 클라리넷, E♭ 알토 클라리넷, E♭ 알토 색소폰

**예 2-15** 클라리넷 이조 표

| 파트 | 스코어의 클라리넷 파트 실음 | C 피아노 악보 클라리넷으로 이조 |
|---|---|---|
| E♭ Clarinet | 단3도 높음 | 단3도 낮게 기보 |
| B♭ Clarinet I, II, III | 장2도 낮음 | 장2도 높게 기보 |
| Alto Clarinet | 장6도 낮음 | 장6도 높게 기보 |
| Bass Clarinet | 장9도 낮음(장2+옥타브) | 장9도 높게 기보 |

*모든 클라리넷은 높은음자리표를 사용한다.
*베이스 클라리넷 이조는 장9도 높게 기보하는데, 이는 클라리넷 주자들에게 익숙한 높은음자리표를 사용하기 위함이다.

예 2-17  《어메이징 그레이스》 4성부 클라리넷 앙상블 이조

# 2-6 색소폰(Saxophone)

## 1) 색소폰 패밀리

색소폰에는 B♭ 소프라노, E♭ 알토, B♭ 테너, E♭ 바리톤의 4가지 종류가 있다. 관악단에서는 주로 알토 색소폰 두 대, 테너 색소폰, 바리톤 색소폰을 배치해 4파트를 편성한다. 모든 색소폰은 음역에 상관없이 높은음자리표를 사용한다.

벨기에의 악기 제작자 아돌프 삭스(Adolphe Sax, 1814~1894)는 1846년, 금관악기와 목관악기의 장점을 결합한 새로운 악기 색소폰을 발명했다. 색소폰Saxophone이라는 악기명은 아돌프 삭스의 성 '삭스Sax'와 소리를 뜻하는 그리스어 어원 '폰Phone'을 결합한 것이다.

색소폰이 처음 제작되었을 당시에는 거친 음색으로 인해 일부 프랑스 작곡가만이 관현악 작품에 사용했으며, 크게 인기를 끌지 못했다. 그러나 1900년대에 미국의 재즈Jazz음악과 만나면서 그 진가를 발휘하게 된다. 오늘날 색소폰은 관악단과 재즈 밴드에서 매우 중요한 역할을 하고 있다. 금관악기 재질에서 오는 다이내믹함과 목관악기의 화려한 테크닉에 섬세하고 감미로운 연주법이 더해져, 대중적으로 사랑받는 악기가 되었다. 색소폰의 경우 악기 재질이 쇠(놋쇠)로 되어있기 때문에 금관악기로 분류해야 한다고 생각할 수 있지만, 리드를 사용하며 목관악기와 비슷한 운지법을 채택하고 있기에 목관악기로 분류된다.

**예 2-18** **색소폰 음역**

### 셀머 색소폰

Ⓐ B♭ 소프라노 색소폰 '슈퍼액션 80 시리즈 2'

Ⓑ E♭ 알토 색소폰 '수프림'

Ⓒ B♭ 테너 색소폰 '수프림'

Ⓓ E♭ 바리톤 색소폰 '슈퍼액션 80 시리즈 2'


## 라벨《볼레로》&《전람회의 그림》

모리스 라벨(Maurice Ravel, 1875~1937)은 1928년에 작곡한 《볼레로Bolero》에서 소프라노 색소폰과 테너 색소폰을 사용했다. 볼레로는 색소폰이 연주되는 대표적인 관현악곡 중 하나로 유명하다.

예 2-19  라벨, 《볼레로》

[예 2-20] 악보는 1922년, 라벨이 지휘자 세르게이 쿠세비츠키(Serge Koussevitzky)의 요청으로 편곡한 무소르그스키(Modest Mussorgsky, 1839~1881)의 피아노 모음곡 《전람회의 그림 Pictures at an Exhibition》 중 '옛 성 The Old Castle'에 사용된 알토 색소폰 솔로 악보이다.

**예 2-20** 무소르그스키 작곡, 라벨 편곡 《전람회의 그림》 중 '옛 성'

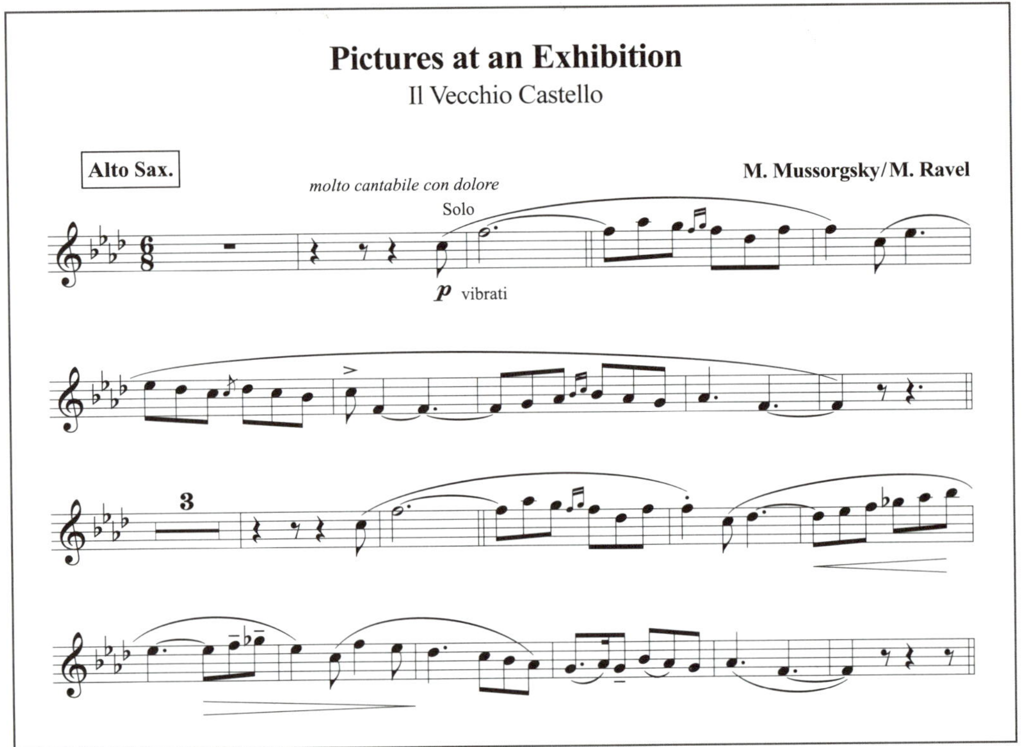

## 2) 아돌프 삭스(Adolphe Sax, 1814~1894)

아돌프 삭스는 1814년 벨기에의 소도시 디낭Dinant에서 태어났다. 그는 어린 시절부터 '저주받은 아이' 또는 '불행을 몰고 다니는 아이'로 불렸다. 한 번은 길을 걷다 3층에서 떨어진 돌에 맞아 생사의 갈림길에 섰고, 실험 중 황산을 물로 착각해 마시는 사고를 겪었다. 화약 폭발로 심한 화상을 입었으며, 침실에 있던 니스칠 된 가구 때문에 세 차례나 중독되어 질식사의 위기를 넘기기도 했다.

이 모든 불행을 견뎌낸 아돌프는 어린 나이에 뛰어난 악기 제작자였던 아버지 밑에서 일을 시작하며 경험을 쌓았고, 마침내 1841년 그의 역사적인 발명품인 색소폰을 세상에 선보이게 된다. 자신이 발명한 색소폰으로 대성공을 꿈꾸었지만, 현실은 그리 녹록지 않았다. 사업은 3번이나 실패로 돌아갔고, 그는 재정적 어려움에서 벗어나지 못한 채 파리에서 빈곤 속에 1894년 2월 7일, 79세의 나이로 폐렴에 걸려 쓸쓸히 눈을 감았다.

그러나 아이러니하게도, 그의 죽음은 오히려 그의 이름을 더 빛나게 했다. 벨기에는 1994년 그의 사망 100주기를 기념하여 '국제 아돌프 삭스의 해'를 제정하고 다양한 행사를 개최했다. 같은 해, 알베르 2세 국왕의 후원으로 '아돌프 색소폰 국제 색소폰 경연대회'가 처음으로 열렸으며, 이 경연대회는 현재도 4년마다 개최되고 있다.

그의 고향 디낭은 '색소폰의 도시'로 불리며, 지금까지도 아돌프 삭스를 기리고 있다. 곳곳에는 색소폰 조형물이 장식되어 있으며, 그의 업적을 기리는 박물관이 자리하고 있다. 실제로 아돌프 삭스와 그의 색소폰은 벨기에 돈 200프랑 지폐의 주인공이 되었고, 2014년에는 탄생 200주년을 맞아 기념주화가 발행되었다. 색소폰은 그가 인류에게 남긴 빛나는 유산으로, 오늘날에도 전 세계인의 사랑을 받으며 음악의 지평을 확대하고 있다.

 아돌프 삭스 초상화와 색소폰 그림이 있는 벨기에 200프랑 지폐(2002년까지 사용)

# 금관악기, 은관악기?

2000년대 중반, 네이버 지식인에 한 초등학생의 창의적인 질문이 올라왔다.
"선생님, 금관악기가 있으면 은관악기도 있나요?"

나는 이 질문에 자세한 설명과 함께 답변을 했다. 영어사전에서 'Brass'는 '놋쇠'로 설명되는데, 놋쇠로 만든 악기를 금관악기Brass Instrument라고 한다. 오래전부터 동서양의 악기 제작자들은 놋쇠에 주목해 왔다. 우리나라는 14세기 후반, 고려 공민왕 때 중국에서 수입한 놋쇠로 '징'을 제작하여 군대와 농악대에서 널리 사용하였다. 서양에서는 15세기 후반, 독일의 뉘른베르크에서 놋쇠를 이용해 금관악기를 제작하기 시작했다.

금관악기는 금속으로 만든 관을 불어서 소리를 내는 방식이며, 입술의 진동이 금속관을 통해 증폭되어 특유의 음색을 내게 된다. "금관악기"라는 이름은 금속을 관의 주 재료로 사용한 악기라는 의미로, "목관악기"와 구별되어 쓰인다.

## 2-7 금관악기 개론

관악단의 금관악기Brass Instrument 섹션은 트럼펫, 호른, 트롬본, 유포니움, 튜바로 구성된다. 금관악기 섹션은 역동적인 사운드로 곡에 활력을 불어넣으며, 목관악기 섹션과 대비를 이루어 관악단의 균형을 유지한다.

트럼펫은 금관악기 중 가장 높은 음을 연주하며, 명료하고 강렬하면서도 표현력이 풍부한 악기이다. 트럼펫은 곡의 주요 주제를 연주할 뿐만 아니라, 화려하고 기교적인 패시지Passage를 연주하는데도 자주 사용된다.

호른은 트럼펫과 트롬본 사이의 중간 음역을 담당하며 부드럽고 깊은 음색이 특징이다. 호른의 음색은 금관악기와 목관악기 모두와 잘 어울리며, 이 때문에 두 섹션을 연결하거나 화성을 구성하는데 탁월하다. 또한 호른은 관악단의 장엄하고 극적인 패시지를 연주할 때 매우 효과적이다.

트롬본은 중·저음을 담당하며, 트럼펫보다 정확히 1 옥타브가 낮은음을 연주한다. 트롬본은 다른 금관악기와 달리 밸브 대신 슬라이드를 사용하여 음정을 조절한다.

관악단의 저음을 담당하는 악기군으로 유포니움과 튜바가 있다. 작곡가 알프레드 리드(Alfred Reed)는 마스터 클래스에서 현대 관악의 가장 중요한 파트로 유포니움을 꼽았다. 유포니움은 깊고 따뜻한 음색과 풍부한 울림으로 관악단의 첼로로 불린다. 튜바는 금관악기 중 가장 크고 가장 무거운 악기이다. 튜바는 낮고 중후한 음색으로 관악단의 최저음을 연주한다. 주로 베이스의 역할을 하며, 관악단의 음향을 탄탄하게 받쳐준다.


### 마우스피스, 튜브, 밸브(슬라이드), 벨

연주자가 '마우스피스Mouthpiece'에 입술을 대고 공기를 불어넣으면 입술이 떨리면서 진동이 발생하는데, 이 진동이 바로 금관악기 소리의 원천이다. 입술의 진동은 마우스피스를 통해 연결된 긴 '튜브(관)Tube'를 통과한다. 튜브는 특정 음높이의 소리를 선택적으로 공명시킨다. 공명된 소리는 '밸브Valve'에 도달한다. 연주자가 밸브를 누르면 (트롬본은 슬라이드Slide) 관의 길이가 길어지거나 짧아지면서 원하는 음정Pitch을 만들어 준다. 이렇게 탄생한 하나의 음은 '벨Bell'에서 울려 퍼지며 청중에게 도달하여 비로소 음악으로 완성된다.

**피스톤 밸브 vs 로터리 밸브(Piston Valve vs Rotary Valve)**

금관악기의 밸브 시스템에는 피스톤 밸브와 로터리 밸브 두 가지가 있다. 두 밸브 모두 악기의 음정을 조절하는 역할을 하지만, 그 작동 방식에는 차이가 있다.

**예 2-22** 독일 타인 브라스, B♭ 피스톤 밸브 트럼펫과 로터리 밸브 트럼펫

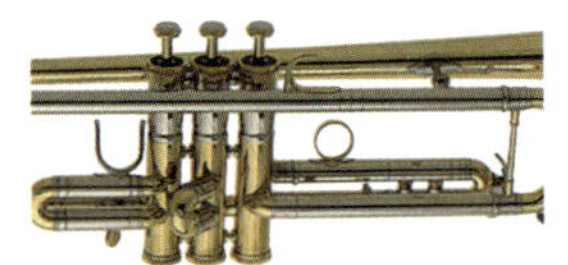

Piston Trumpets 'Sibirius' Model

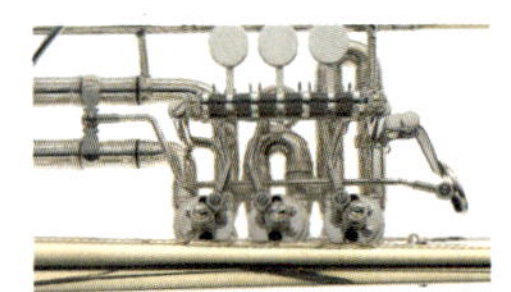

Rotary Trumpets 'Berlin' Model

| 구분 | 피스톤 밸브 | 로터리 밸브 |
|---|---|---|
| 작동 방식 | 밸브를 누르면 피스톤이 아래로 내려가고, 내부의 공기 통로가 바뀌면서 음정이 변함. | 밸브를 누르면 회전식 밸브가 돌아가며, 공기 통로를 바꿔 음정을 변경함. |
| 주요 사용 악기 | 트럼펫, 코넷, 유포니움, 튜바(영국식) | 호른, 튜바(독일식), 일부 유럽식 트럼펫, 일부 독일식 유포니움 |
| 특징 | 반응 속도가 빠르다. 연주자가 빠르게 습득할 수 있다. | 부드럽고 연속적인 음정 전환이 가능. 피스톤 밸브에 비해 복잡한 구조를 가지고 있어, 유지 및 보수가 어렵다. |
| 주요 사용 지역 | 미국(북미)과 영국 | 유럽 |

# 2-8 배음(Overtone)

## 1) 자연 배음 Natural Overtone

피아노를 통해 자연 배음을 이해해 볼 수 있다. 예를 들어, 가장 낮은 저음 도(C1)를 왼손으로 누른 상태에서 오른손으로 짧고 강하게 한 옥타브 위의 도(C2)를 타건하면 '붕' 하는 소리와 함께 피아노가 울리게 된다. 이때 발생하는 소리가 자연 배음이다. 19세기에 밸브가 발명되기 전까지 트롬본을 제외한 금관악기는 자연 배음을 바탕으로 연주해야만 했다. 트럼펫이 2배음 도(C)를 연주할 때보다 바람을 조금 더 강하게 불면 3배음 솔(G)이, 그보다 더 강하게 불면 4배음 도(C)가 연주된다. 바람을 더 빠르고 강하게 불면 5배음 옥타브 미(E)가 연주된다. 연주자는 고음을 연주하기 위해 입모양(엠보셔Embouchure)을 작게 조절하는데, 이는 바람을 더욱 빠르게 악기에 불어넣기 위함이다. 금관악기 연주자는 이론상 16번째 배음까지 모두 연주할 수 있지만, 보통 8번째에서 10번째까지만 주로 연주한다.

**예 2-23** 자연 배음(Natural Overtone)

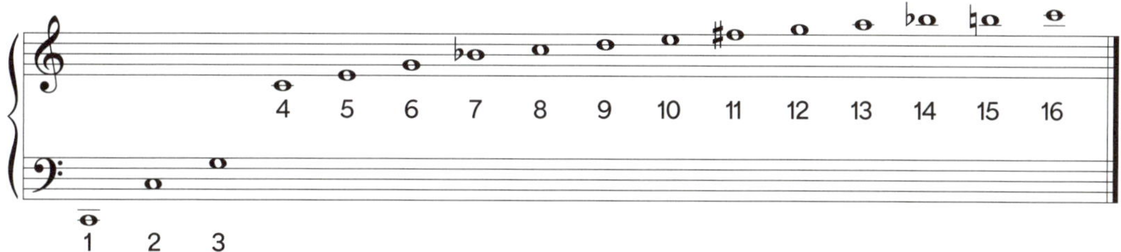

## 2) 자연 배음과 화음

서울대 작곡가 교수를 지낸 김성태의 『화성법』을 보면 "화음은 자연 배음이 준 음악재이다. 자연 배음 현상은 자연이 끼친 것으로서 이에서 화성이 생긴 것이다. 화음은 인위적 소산이 아니라 자연의 혜택인 것이다."라고 설명하고 있다.[10]

자연 배음 중 1배음부터 7배음까지 음정을 세어 보면 도(C)가 3개, 솔(G)이 2개, 미(E), 시♭(B♭)이 각 하나이다. 화성학에는 "근음Root 중복이 제일 좋고, 그 다음 5음 중복, 3음과 7음은 중복을 피하라."라는 일반적인 규칙이 있는데, 이는 자연 배음에서 비롯된 것이다.

**예 2-24** 배음과 화음

---

[10] 김성태, 『화성법』, 음악예술사, 1995.

### 3) 자연 배음과 트럼펫 운지법

초창기의 트럼펫은 자연 배음을 위주로 연주되었다. 즉, 자연 배음에 해당하는 도(C4, 2배음), 솔(G4, 3배음), 도(C5, 4배음), 미(E5, 5배음), 솔(G5, 6배음), 도(C6, 8배음)는 연주가 가능했다. 가령 연주자는 자연 배음에 해당하는 4번째 배음 '도'는 연주할 수 있지만, 겨우 반음 낮은 '시(B)' 음은 연주할 수 없다.

이러한 문제는 독일의 호른 연주자 하인리히 슈퇼젤(Heinrich Stölzel, 1777~1844)과 블뤼멜(Friedrich Blühmel, 1777~1845)이 협력하여 1818년 최초의 밸브Stölzel Valve를 공동으로 발명하면서 해결되었다. 이후 1820년대 독일과 오스트리아에서 더욱 발전된 형태인 로터리 밸브Rotary Valve가 개발되었고, 금관악기 연주자에게 빠르게 확산되었다. 1838년에는 프랑스의 금관악기 제작자 페리네(Francois Périnet, 1805~1861)가 피스톤 밸브Piston Valve를 발명하였다. 이로써 트럼펫과 호른은 완전한 반음계 연주가 가능해졌다.

트럼펫에는 3개의 밸브가 있다. 마우스피스와 가까운 쪽부터 1번, 2번, 3번 밸브라고 한다. 밸브에 달린 관의 길이는 2번이 가장 짧고, 다음이 1번이며, 3번이 가장 길다. 밸브를 누르면 해당 관이 길어지게 된다. 관이 길어질수록 음정은 더욱 낮아지게 된다.

**예 2-25** B♭ 트럼펫 피스톤 밸브

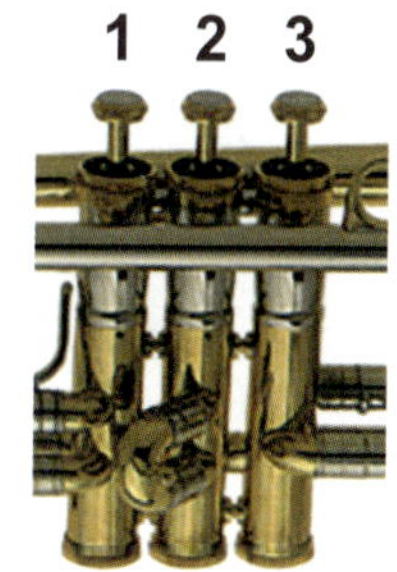


| | |
|---|---|
| 1번 밸브 | 장2도(반음 2개) 낮아짐 |
| 2번 밸브 | 단2도(반음 1개) 낮아짐 |
| 3번 밸브 | 단3도(반음 3개) 낮아짐 |

3개의 밸브를 조합하면 총 7개의 운지법Valve Fingerings을 얻을 수 있다. 예를 들어 '라(A)'를 연주하고 싶을 경우 반음 3개를 낮춰야 하므로, 1번과 2번을 동시에 눌러 단3도를 낮추면 된다. [예 2-26]의 《고향의 봄》 악보와 표준 운지법을 통해 트럼펫의 운지법을 이해해보자.

**예 2-26** 홍난파, 《고향의 봄》 트럼펫 운지법

Ⓐ 《고향의 봄》 트럼펫 악보를 보면 가장 고음이 솔(G)이므로 6배음까지 표기함.

Ⓑ 솔(G), 도(C), 미(E)는 3, 4, 5번 배음에 해당하기 때문에 밸브를 누를 필요 없음.

Ⓒ 레(D)는 5배음 미(E)보다 장2도 낮으므로 1번 밸브, 라(A)는 단3도 낮으므로 1번과 2번 밸브를 동시에 누름.

Ⓓ 레(D)는 3배음 솔(G)보다 완전 4도 낮으므로 1번과 3번 밸브를 동시에 누름.


## 4) 트롬본 슬라이드, 7포지션

트롬본은 15세기에 이미 오늘날의 트롬본과 유사한 모양과 형태를 갖추었다. 트롬본은 슬라이드를 이용하여 음을 낮추는데, 여기에는 총 7개의 포지션이 있다. 1포지션부터 7포지션까지 각 포지션은 반음씩(단2도) 낮아지게 된다. 예를 들어, 트롬본 연주자가 '시♭(B♭)'보다 반음 '낮은 라(A)'음을 연주하려면 2포지션에서 연주하면 된다.

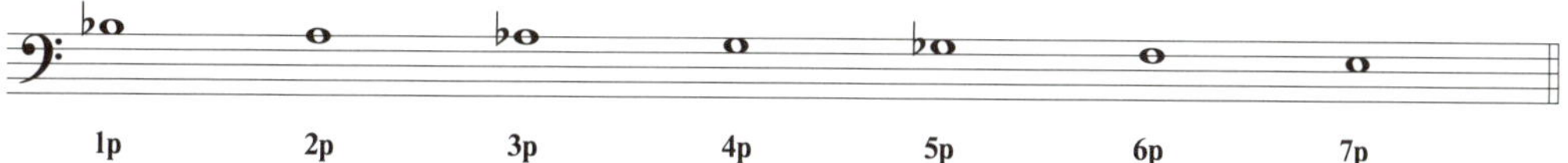



## 5) 트롬본 포지션

[예 2-28]은 트롬본 포지션이 표기된 악보이다.

Ⓐ 트롬본의 1포지션에서 발생하는 배음

Ⓑ 파(F), 시♭(B♭), 레(D): 기본 배음 2번, 3번, 4번에 해당하며 모두 1포지션에서 연주

　도(C): 5배음 레(D)보다 반음 2개(장2도) 낮아 3포지션(1p+2p↓)에서 연주

Ⓒ 도(C): 3배음 파(F)보다 반음 5개(완전4도) 낮아 6포지션(1p+5p↓)에서 연주

　레(D): 3배음 파(F)보다 반음 3개(단3도) 낮아 4포지션(1p+3p↓)에서 연주

Ⓓ 솔(G): 4배음 시♭(B♭)보다 반음 3개(단3도) 낮아 4포지션(1p+3p↓)에서 연주

## 6) 트럼펫 밸브와 트롬본 포지션

트럼펫과 트롬본은 총 7개의 포지션이 있으며, 두 악기는 모두 배음을 기준으로 연주한다. 트럼펫은 밸브를 눌러 음정을 낮추고, 트롬본은 슬라이드를 사용하여 음을 낮춘다.

[예 2-29]은 트럼펫과 트롬본의 음정 비교표이다.

**예 2-29** 트럼펫 핑거링, 트롬본 포지션 음정

| 트럼펫 밸브 핑거링 | 트롬본 슬라이드 포지션 | 낮아진 음정 |
| --- | --- | --- |
| 0 | 1포지션 | 없음 |
| 2 | 2포지션 | 반음 |
| 1 | 3포지션 | 온음 |
| 1+2 또는 3 | 4포지션 | 단3도 |
| 2+3 | 5포지션 | 장3도 |
| 1+3 | 6포지션 | 완전4도 |
| 1+2+3 | 7포지션 | 증4도(감5도) |

트럼펫 3번 밸브 단독으로는 음정이 낮아서 사용하지 않음.

트럼펫(코넷), 바리톤(유포니움), 튜바(수자폰)의 3개의 밸브는 위 표와 동일하게 적용함.

# 2-9 텅잉 (Tonguing)

금관악기 연주자가 혀를 사용하여 음을 시작하는 주법을 텅잉Tonguing이라 한다. 텅잉은 금관 연주자의 중요한 기술로, 악센트Accent, 레가토Legato, 스타카토Staccato 등 다양한 음악적 표현을 가능하게 한다. 텅잉에는 싱글Single, 더블Double, 트리플Triple, 플러터Flutter 네 가지 종류가 있다. 이 네 가지 텅잉 주법은 모든 금관악기에 공통으로 적용된다. 다만, 튜바의 경우 플러터 텅잉 기법에 제한이 있을 수 있다.

## 1) 싱글 텅잉 Single Tonguing

트럼펫(금관) 연주자는 일반적으로 싱글 텅잉을 사용한다. 선생님들은 학생을 지도할 때 주로 '투', '투' 라는 표현을 통해 싱글 텅잉을 설명하는데, 영어로는 'Tu' 또는 'Ta' 라고 표기한다. 'T' 발음을 할 때 혀가 입천장 뒤에 붙게 되는 원리로 텅잉이 이루어진다.

[예 2-30]는 각 음은 각각 텅잉을 하고, 슬러가 있는 음절은 첫 음만 텅잉하라는 의미이다.

**예 2-30** 싱글 텅잉

## 2) 더블 텅잉 Double Tonguing

더블 텅잉은 빠른 패시지를 연주하거나 특별한 아티큘레이션을 만들 때 주로 사용한다. 더블 텅잉이 사용된 가장 대표적인 작품으로는 아르방(Joseph Jean-Baptiste Arban, 1825~1889)이 작곡한 《베니스의 사육제Carnival of Venice》를 들 수 있다.

연주 시 왜 더블 텅잉이 필요한지는 [예 2-31]의 한글 발음을 해보면 알 수 있다. [예 2-31]에 적혀 있는 발음을 가능한 빠르게 리듬 시창해 보자. 악보 A 를 '투 투투'(싱글 텅잉)하고 발음해보면 혀가 3번 모두 윗니 뒤에 붙는다. 그러나 악보 B 의 '투 투크'(더블 텅잉)는 혀가 첫 번째, 두 번째에만 윗니 뒤에 붙게 되므로 A 보다 훨씬 빠르게 리듬 시창을 할 수 있다.

**예 2-31** 싱글 텅잉, 더블 텅잉

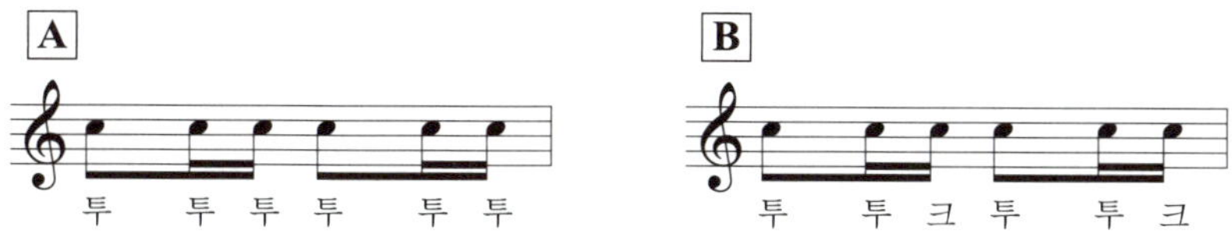

[예 2-31]를 다시 참고해보자. A 싱글 텅잉의 '투(Tu)'발음을 빠르게 계속하면 혀가 금방 지치게 된다. 그러나 B 의 더블 텅잉을 사용하면 강박에는 '투(Tu)'를, 약박에는 '크(K)'를 발음하기 때문에 매우 경쾌한 분위기를 느낄 수 있으며, 리듬도 살아난다. 이러한 더블 텅잉 기법은 피아노의 한음을 연타로 연주할 때 손가락을 교대로 연주하는 방법과도 유사하다.

**예 2-32** 싱글 텅잉, 더블 텅잉 비교

**예 2-33** 아르방, 《베니스 사육제 변주곡》

## 3) 트리플 텅잉 Triple Tonguing

트리플 텅잉은 더블 텅잉의 연주 원리와 동일하며, 3연음이 나올 때 주로 사용한다.

**예 2-34** 트리플 텅잉

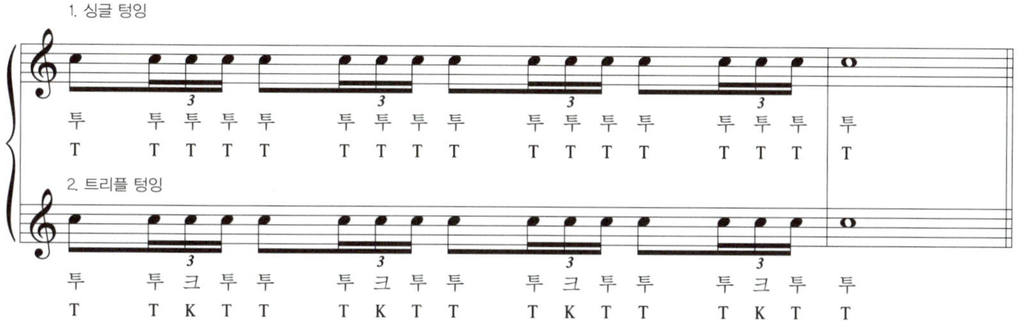



## 4) 플러터 텅잉 Flutter Tonguing

플러터 텅잉은 연속적으로 혀를 떨면서 'R발음'을 발생시키는 연주법으로, 주로 재즈에서 사용된다. 마치 양치할 때 입 속에 물을 넣고 '가르르'하는 것과 비슷한 원리이다. 플러터 텅잉을 사용한 대표곡은 거슈윈(George Gershwin, 1898~1937)의 《랩소디 인 블루Rhapsody in Blue》이다.

[예 2-35]는 퍼디 그로페(Ferde Grofé, 1892~1972)가 편곡한 《랩소디 인 블루》의 오케스트라용 트럼펫 악보이다. 이 편곡은 플러터 텅잉을 온음표에서 사용하여 청중에게 트럼펫의 특별한 음색을 느끼게 하며, 또한 듣는 재미를 주어 곡에 생동감을 불어넣는다. 플러터 텅잉은 [예 2-35]에서 보이는 것과 같이 *flutter* 또는 약어로 *Flz.*로 적고, '트레몰로' 기호와 함께 표기하기도 한다. 플러터 텅잉을 멈추는 지점은 'ord.(ordinario)'라고 표기하여 이후부터 음을 정상적으로 연주하도록 지시한다.

 거슈윈 작곡, 그로페 편곡 《랩소디 인 블루》

# 2-10 뮤트(약음기)

트럼펫과 트롬본은 다양한 종류의 약음기(뮤트Mutes)를 사용한다. 호른도 일부 약음기를 사용하며, 유포니움과 튜바는 약음기 사용이 매우 드물다. 약음기는 속삭이듯 매우 여린 소리를 만들어주고, 독특한 음색 효과를 낼 수 있게 해준다. 악보에 뮤트 종류가 적혀 있지 않으면 스트레이트 뮤트Straight Mute를 사용한다. 약음기를 사용하라는 지시는 이태리어로 'Con sordino콘 소르디노', 약음기를 제거하라는 지시는 'Senza sordino센자 소르디노'라고 표기한다.

## 뮤트 종류

① Straight Mute: 스트레이트 뮤트는 일반적으로 사용하는 대표적인 약음기이다.

② Cup Mute: 재즈, 현대곡, 영화 음악 등에 주로 사용되며 비음이 있는 음색이 특징이다.

③ Harmon or Wa-wa Mute: '하몬' 또는 '와와' 뮤트는 음색에 변화를 주는 약음기이다. 연주자는 손을 이용하여 트럼펫의 벨 부분을 막거나 열기를 반복하며 연주한다. 이때 나는 소리가 마치 "와–와"하는 소리처럼 들려서 Wa-wa 뮤트란 이름을 얻게 되었다. 손으로 막을 때는 **+**, 열 때는 **O**로 악보에 표기한다.

④ Whispa Mute: 위스파 뮤트는 그 이름처럼 '속삭일 정도'로 가장 여린 $pp$를 얻을 수 있는 약음기이다.

# 2-11 금관악기 숙련도별 음역

　금관악기의 음역은 연주자의 숙련도에 따라 매우 차이가 크다. 학생(동호인) 연주자 음역은 전문 연주자에 비해 보통 최고음은 3도 낮고, 최저음은 3도 높게 설정한다. 초급 연주자는 중급 연주자보다 최고음을 3도 낮게 설정한다.

**예 2-36** 트럼펫 숙련도별 음역

각 금관악기 음역표의 검정 온음표는 학생(동호인)용 음역이다.

# 2-12 트럼펫 패밀리

## 1) 트럼펫 Trumpet

　트럼펫은 B♭조 이조악기로, 금관악기 중 가장 높은 소프라노 음역을 담당한다. 트럼펫은 웅장한 팡파르부터 테크니컬하고 화려한 패시지, 부드러운 멜로디까지 연주할 수 있어 금관악기 중 가장 돋보이는 악기이다. 관악단에서는 보통 트럼펫 I, II, III 파트를 편성한다. 일부 스코어에는 코넷 Cornet 파트가 포함되어 있다. 코넷이 없을 경우 트럼펫으로 대체하여 연주한다.

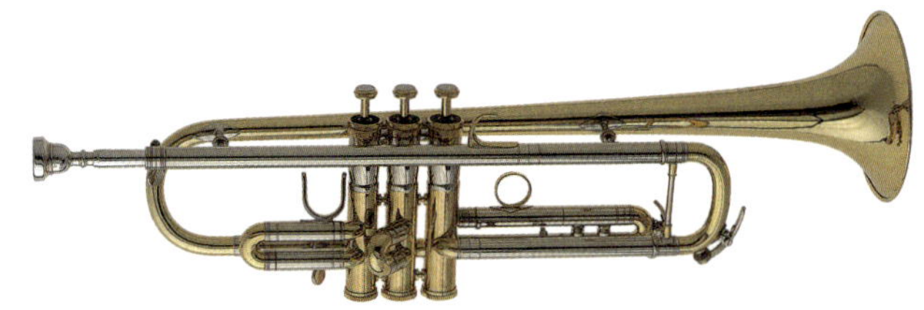

타인 브라스 B♭ 트럼펫, Thein Brass B♭ Trumpet MH One

 B♭ 트럼펫 음역

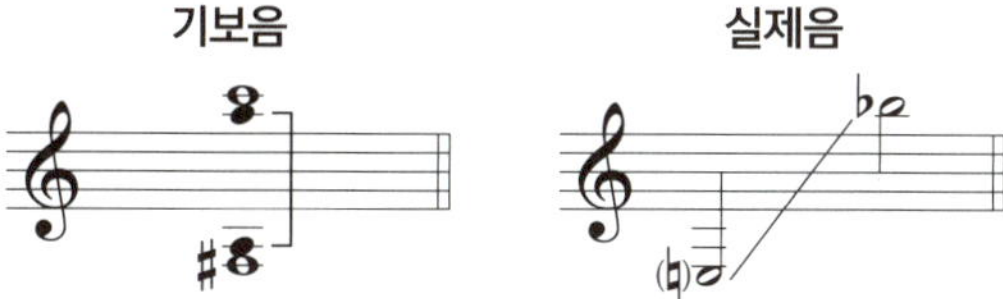


 B♭ 트럼펫 파트별 음역

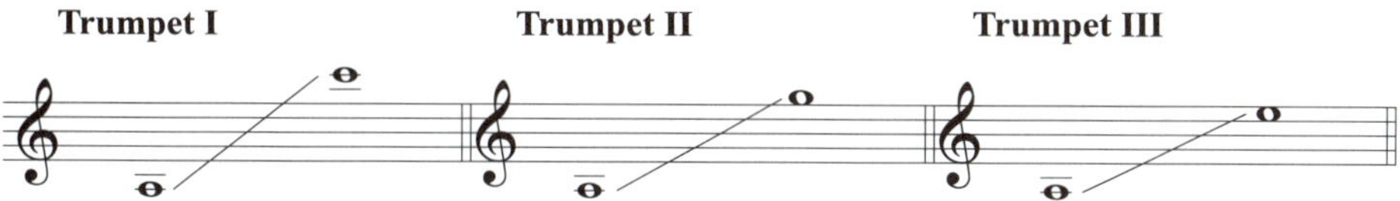


 베르디, 《아이다》 중 '그랜드 마치'

## 2) 코넷 Cornet

코넷은 트럼펫과 동일한 B♭조 이조악기이다. 음역 또한 트럼펫과 같지만, 음색은 트럼펫에 비하여 부드럽고 따뜻하다. 코넷은 차이콥스키(Pyotr Ilyich Tchaikovsky, 1840~1893)의 《이태리 기상곡 Capriccio Italian》 등에 사용되었지만, 오케스트라 정규 악기로 편성되지는 않는다. 영국식 브라스 밴드, 대편성 관악단에서는 트럼펫과 함께 사용되기도 한다. [예 2-40]는 홀스트(Gustav Holst, 1874~1934)의 《제2 모음곡Second Suite in F》 1악장이다. 트럼펫 섹션은 코넷 솔로 & I, 코넷 II, 트럼펫 I, II로 편성되어 있다. 코넷 연주자가 없을 경우 트럼펫으로 대체 연주한다. 이 경우 코넷 파트를 트럼펫 연주자 중 음색이 부드러운 연주자에게 맡기면, 원곡의 충실한 대안이 될 수 있다.

타인 브라스 B♭ 코넷 '베를린 모델' Thein Brass Cornet in B♭ 'Berlin-Model'

**예 2-40** 홀스트, 《제2 모음곡》 1악장 '행진곡'

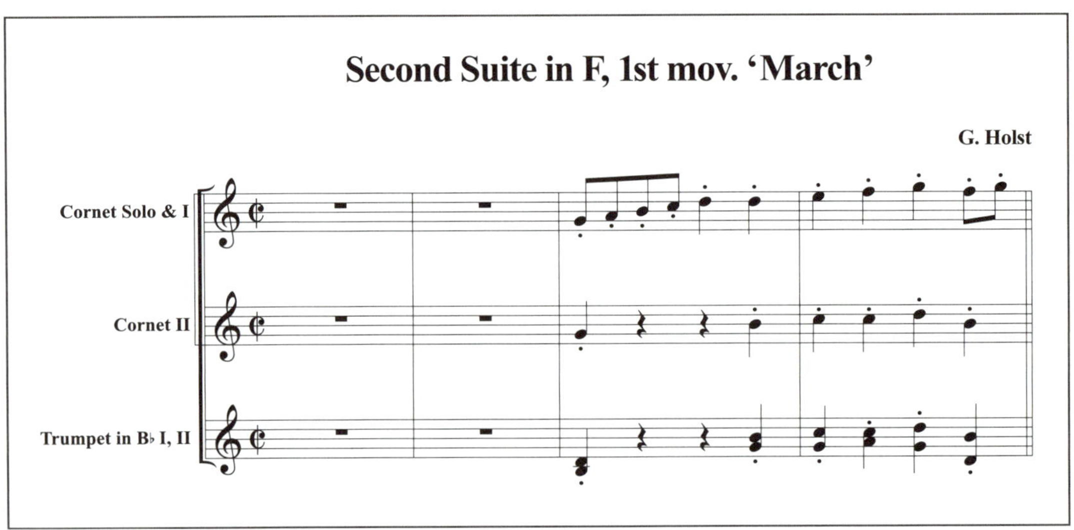

## 3) 플뤼겔호른 Flügelhorn

플뤼겔호른은 B♭조 이조악기로, 트럼펫 패밀리이다. 플뤼겔호른은 오케스트라에서는 사용하지 않고 일부 관악곡에서 사용되기도 하나 그 빈도가 높지는 않다. 플뤼겔호른은 오스트리아에서 기원하고, 19세기 초 독일에서 발전한 악기이다. 이 악기의 이름은 독일어에서 유래했으며, 'Flügel'은 '날개', 'Horn'은 '나팔'을 의미한다. Flügelhorn이라는 명칭은 초기에는 군대에서, 특히 기병대의 전술 대형에서 좌우 측면(날개)에서 신호를 전달하는 데 사용되면서 '날개의 나팔'이라는 이름을 갖게 되었다. 플뤼겔호른은 코넷보다 부드럽고 따뜻한 음색을 가지고 있어 팝 음악, 재즈 등 감성적이고 서정적인 연주에 자주 사용된다. 척 맨지오니(Chuck Mangione)가 플뤼겔호른으로 연주한 《Children of Sanchez》와 《Feel So Good》이 유명하다.

타인 브라스 B♭ 플뤼겔호른 Thein Brass Piston Flügelhorn in B♭

예 2-41 B♭ 플뤼겔호른 음역

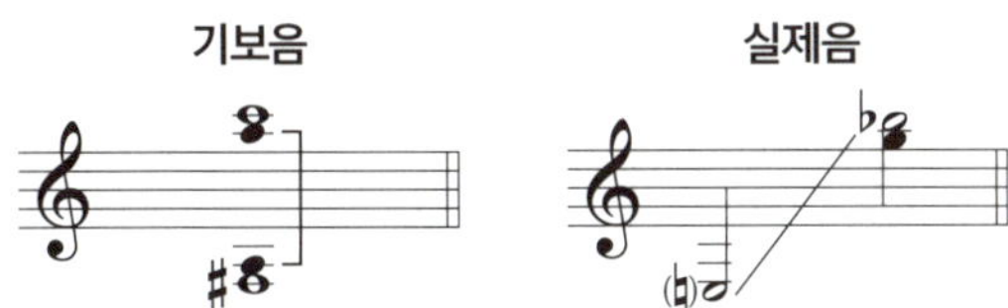



예 2-42 말러, 《교향곡 제3번》 3악장

# 2-13 호른(French Horn)

호른은 F조 이조악기이며 정식 명칭은 프렌치 호른이다. 혹자는 호른이 프랑스에서 발명되었기 때문에 '프렌치 호른'이라고 설명하지만, 이는 사실과 다르다. 현대의 프렌치 호른은 기술적으로 따져보았을 때 독일식을 따른다. 1971년 국제호른협회Horn Society에서는 호른을 프렌치 호른이 아닌 '호른'으로 부르기를 권장하고 있다. 국내에서 사용되는 대부분의 호른은 '더블 호른'이다. 더블Double은 한 대의 호른에 두 개의 조성을 갖추고 있는 구조를 말한다. 즉, 관이 짧아 고음을 내기 유리한 B♭관과 긴 관을 가지고 있어 중·저음을 연주하기 좋은 F조 관을 모두 갖추고 있다.

호른은 금관악기 중 가장 넓은 음역을 연주할 수 있으며, 숙련된 호른 연주자의 경우 6 옥타브까지 연주할 수 있다. 더블 호른의 관을 모두 펼쳐 놓으면 길이가 약 6M에 달한다. 초기의 호른 파트는 트롬본과 함께 단순한 리듬과 화음을 연주하는 악기였지만, 현대 관악에서는 위풍당당하고 역동적인 주선율부터 장엄한 대선율까지 연주할 수 있도록 다양한 양식으로 작곡되고 있다.

독일 알렉산더 호른 F/B♭ 더블 호른 모델 103
Gebr. Alexander F/B♭ Double Horn Model 103

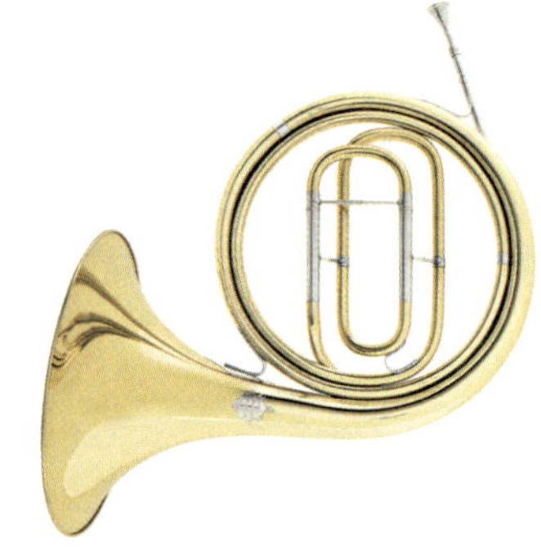

독일 알렉산더 F 내추럴(자연) 호른, 모델 194
Gebr. Alexander /Natural Horn in F, Model 194

**예 2-43** F 프렌치 호른 음역

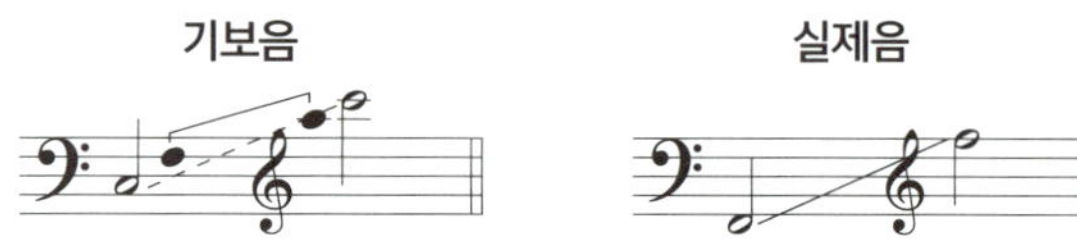

## 1) 내추럴 호른, 밸브 호른

내추럴(자연) 호른Natural Horn은 18세기부터 19세기 초까지 사용된 밸브가 없는 호른으로, 고전 시대의 주요 작곡가인 모차르트, 하이든, 베토벤 등이 이 악기를 위해 곡을 썼다. 특히 모차르트의 《호른 협주곡Horn Concerto》 4곡(K. 412, K. 417, K. 447, K. 495)은 모두 내추럴 호른을 위해 작곡된 대표적인 작품이다. 당시 내추럴 호른 연주자는 밸브 없이도 자연 배음을 활용하여 입술과 손을 사용해 음정을 미세하게 조정하며 연주했다. 1953년 니콜라우스 아르농쿠르(Nikolaus Harnoncourt)가 창단한 세계적인 고악기 전문 연주 단체 '콘첼투스 무지크스 빈Concentus Musicus Wien'은 내추럴 호른과 같은 원전 악기 연주로 유명하다.

밸브 호른Valve Horn은 19세기 초에 밸브 기술이 발명되면서 등장했으며, 이후부터 현대까지 널리 사용되고 있다. 밸브의 도입을 계기로 호른의 연주 방식은 혁신적으로 변하여, 보다 넓은 음역과 다양한 음계를 쉽게 연주할 수 있게 되었다. 밸브 호른은 낭만 시대부터 현대 오케스트라와 솔로 연주에서 중요한 악기로 자리 잡고 있다. 오늘날 우리가 흔히 접하는 호른은 대부분 밸브 호른이며, 내추럴 호른은 고악기 전문 연주 단체에서 여전히 사용되고 있다.


## 2) 고음 호른, 저음 호른

관악 지휘자는 호른 파트가 나머지 관악 파트와 다른 방식으로 스코어에 기보 된다는 점에 유의해야 한다. 일반적인 관악기는 [예 2-44]의 트럼펫 파트와 같이 1번이 고음을, 2번, 3번이 순차적으로 저음을 담당한다. 그러나 호른 파트의 경우 1번과 3번이 고음을, 2번과 4번이 저음을 맡는다. 고전 시대에는 각각 고음과 저음을 담당하는 두 대의 호른이 한 쌍을 이루었다. 이후 낭만 시대로 접어들면서 더욱 크고 웅장한 호른 소리를 얻기 위해 고음과 저음 호른을 한 쌍씩 추가하게 되었다. 현대 관악단의 호른 섹션은 고음과 저음을 담당하는 한 쌍의 호른과, 중음과 저음을 담당하는 또 다른 한 쌍의 호른으로 구성된다.

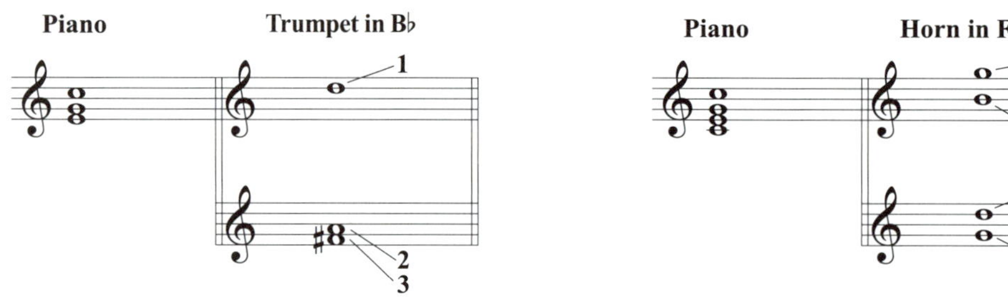



호른의 자리 배치는 아래 그림과 같이 지휘자를 기준으로 우측부터 1번, 2번, 3번, 4번 호른을 배치한다.

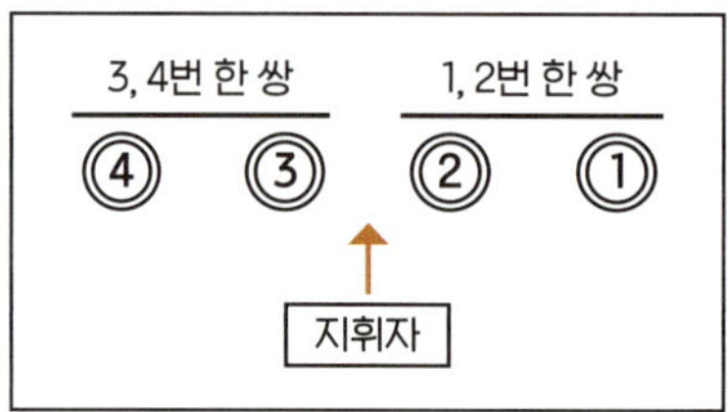

## 3) 호른의 특수 주법

### 폐쇄음(영: Stopped, 독: Gestopft, 프: Bouche, 이: Chiuso)

호른은 트럼펫과 트롬본과 같이 뮤트(약음기)를 사용한다. 또한 호른은 금관악기 중 유일하게 특별한 음색과 빠른 약음기 효과를 얻기 위해 폐쇄음 주법을 사용한다.

폐쇄음 주법은 영어로 스탑Stopped, 독일어로 게스탑Gestopft, 프랑스어로 부셰Bouché 라고 하며, 오른손으로 호른의 벨 부분을 완전히 막아 연주한다. 이때 호른의 관이 짧아지는 현상이 발생하면서 음정이 반음 높아지므로, 호른 연주자는 폐쇄음 악보를 연주할 때 기보음보다 반음씩 낮게 연주한다. 폐쇄음 주법으로 연주하면 거위가 '꽥꽥 꺼리듯' 막히고 탁하게 들린다.

대표적인 사례는 [예 2-45] 림스키-코르사코프(Nikolai Rimsky-Korsakov, 1844~1908)의 작품 《스페인 기상곡Capriccio Espagnol》에서 호른의 폐쇄음 주법이 효과적으로 사용되었다. 이 곡에서 일반 주법으로 연주되는 부분인 A의 바로 다음 마디 B에서 폐쇄음 주법이 이어진다.

만약 호른 연주자가 약음기Mutes를 사용한다면, 약음기를 장착하는 시간을 위해 A와 B사이에 최소 2마디 이상의 쉬는 마디가 필요하다. 그러나 폐쇄음 주법은 연주자가 손으로 벨을 막아 즉각적인 전환이 가능하기 때문에, 2마디 단위로 일반 연주법 우베르Ouverts(프랑스어로 '열린'을 뜻함)와 폐쇄음 주법 부셰Bouché를 교대로 연주할 수 있다.

폐쇄음 연주 후 일반적으로 연주할 때 영어로는 'Open', 독어로는 'Offen', 불어로는 'Ouverts'라고 표기하거나 음표 위 +(폐쇄음), O(오픈) 기호를 사용하여 표기한다.

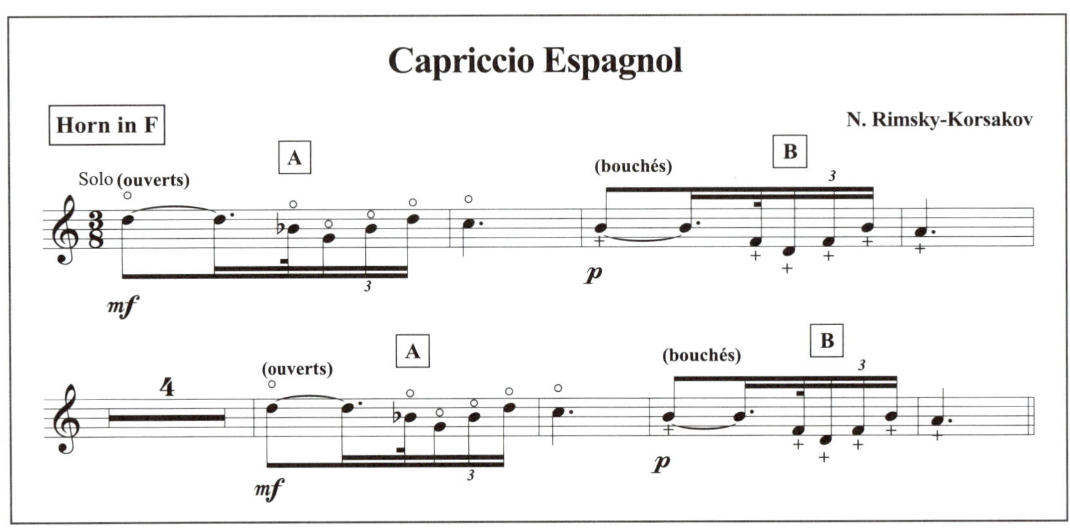




Ⓐ 독어   Ⓑ 영어   Ⓒ 기호

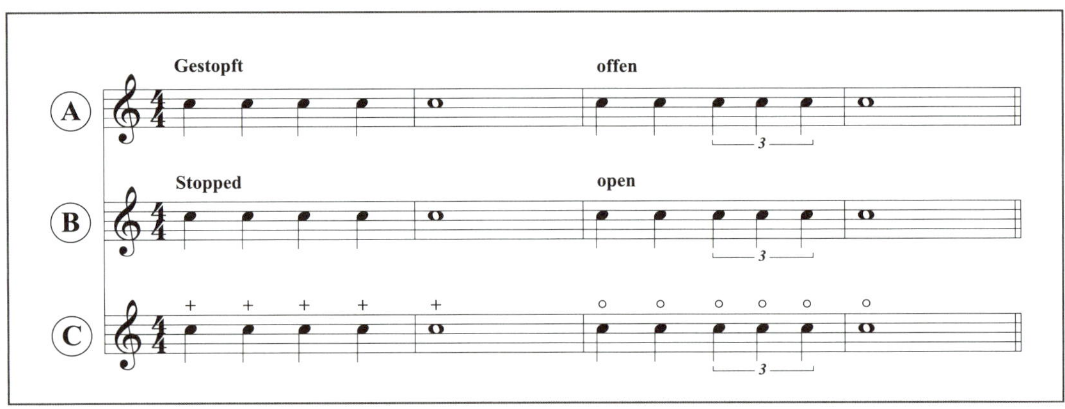


**벨업 (영: Bells up, 독: Schalltrichler auf, Schalltr. auf, 프: Pavillons en l'air)**

오케스트라 연주회에서 호른 연주자가 벨을 들고 청중을 향해서 연주하는 것을 본 적이 있을 것이다. 이 호른 주법이 바로 '벨업'이다. '벨업'은 호른의 벨 방향이 객석을 향하여 연주되므로, 다이내밀하고 웅장한 효과를 내게 된다. [예 2-47]는 말러(Gustav Mahler, 1860~1911)의《교향곡 제1번》의 호른 악보이다. '벨업'이 독일어Schalltr. auf로 적혀 있고, 아래에 폐쇄음Gestopft 주법 연주가 지시되어 있는 것을 확인 가능하다. 호른 연주자는 벨 방향을 청중에게 향하게 하여 폐쇄음으로 연주한다.

 말러,《교향곡 제1번》2악장

# 2-14 트롬본(Trombone)

　트롬본은 슬라이드를 사용하여 연주하며, 관악단의 중·저음 음역을 담당한다. 트롬본은 바로 크시대부터 밸브가 발명되기 전인 19세기까지 완벽한 반음을 얻을 수 있는 유일한 금관악기였다. 베토벤(Ludwig van Beethoven, 1770~1827)은 트롬본의 가능성을 발견한 최초의 작곡가이다. 베토벤은 《교향곡 제5번 '운명'》 4악장에서 트롬본을 교향곡에 처음 도입하였고, 《트롬본 사중주를 위한 작품 Three Equals for Four Trombone》을 작곡하였다. 1827년 3월, 베토벤의 장례식에서도 트롬본 4중주가 남성 중창단과 함께 연주되었다. 트롬본은 알토, 테너, 베이스 세 종류의 악기가 있다. 전문 관악단에는 2대의 테너 트롬본과 1대의 베이스 트롬본이 편성된다. 그러나 학교(동호인) 관악단에는 1번, 2번, 3번 모두 테너 트롬본이 사용되기도 한다.

독일 타인 테너 트롬본(F-어태치먼트) '유니버설 I'
THEIN Tenor Trombones 'Universal I'

독일 타인 재즈 트롬본 '맥심'
THEIN Jazz Tenor Trombone 'Maxim'(F-어태치먼트 없는 재즈 트롬본 모델)

**예 2-48** 테너 트롬본 음역

## 1) 글리산도 Glissndo, gliss. 주법

트롬본의 특수 연주법으로 '글리산도' 주법이 있다. 이 주법은 아래 포지션에서 위 포지션으로, 또는 위 포지션에서 아래 포지션으로 슬라이드를 순차적으로 움직여 마치 음이 미끄러지듯 연주하는 주법이다.

예 2-50  글리산도

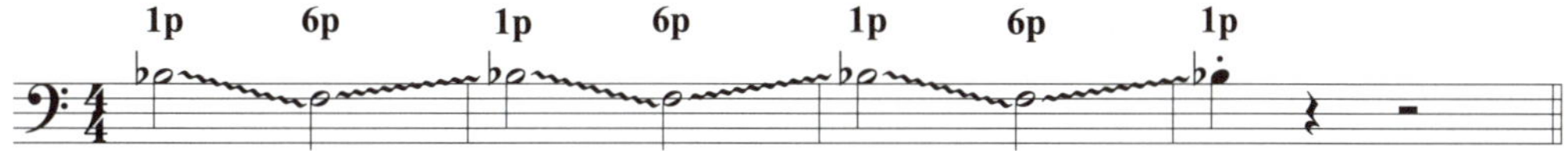



트롬본의 시♭(B♭)은 1포지션에서 4번째 배음, 파(F)는 1포지션에서 3번째 배음이다. [예 2-50] 악보를 예로 들자면, '시♭'와 '파'의 경우 1포지션에서 연주하는 것이 원칙이다. 그러나 작곡가는 파(F) 음을 6포지션(음표 위의 6p)에서 연주할 것을 지시하고 있다. 따라서 연주자는 악보에 명시된 글리산도 효과를 내기 위하여 1포지션과 6포지션 사이를 미끄러지듯 연주해야 한다.

## 2) 1포지션, 7포지션

트롬본은 하나의 슬라이드를 이용하여 모든 음계를 연주해야 하는 악기이다. 이때 1포지션(1p)과 가장 먼 7포지션(7p)의 간격은 약 60cm에 달한다. 트롬본의 1포지션과 7포지션을 연속으로 움직여보면, 빠른 템포에서의 연주가 상당히 어렵다는 것을 알 수 있다. 따라서 [예 2-51] 악보의 첫번째 마디 Ⓐ는 연주가 가능하지만, Ⓑ의 경우는 연주가 거의 불가능하다.

**예 2-51** 트롬본 1p, 7p

### F - 어태치먼트, 트리거

[예 2-51]처럼, 트롬본 연주에서 발생할 수 있는 문제를 해결하기 위해 'F-어태치먼트F-attachment'라는 보조 장치가 발명되었다. 이 장치는 트롬본의 뒤에 6포지션에 대응하는 추가 관을 장착하여, 연주자가 6포지션과 음정을 더 쉽게 연주할 수 있도록 돕는다. 이때 F-어태치먼트로 공기를 보내는 밸브를 트리거Trigger라고 한다. 이 트리거는 트롬본의 핸드 슬라이드 뒤쪽에 장착된 레버 모양의 장치이다. 연주자가 왼손 엄지로 트리거를 누르면, 로터리 밸브가 회전하면서 공기가 F-어태치먼트로 흐르게 된다. 이를 통해 연주자는 슬라이드를 움직이지 않고도 1포지션에서 6포지션의 음정을 바로 연주할 수 있다.

**예 2-52** F-어태치먼트 사용법

[예 2-52] 악보의 '시♭'은 1포지션에서, '시(B♮)'음은 7포지션에서 연주된다. 하지만 1포지션과 7포지션 사이의 거리가 너무 멀어, 장치의 도움 없이 연주하기가 거의 불가능하다. 그러나 트리거를 사용하면 2포지션에서 '시(B♮)'음을 연주할 수 있다. 연주자는 1포지션에서 '시♭'을 연주한 후, 트리거를 사용해 2포지션에서 '시♮'음을 연이어서 쉽게 연주할 수 있다.

## 3) 트롬본 레가토 Legato 연주

트롬본은 U자형으로 생긴 1개의 관 '슬라이드Slide'을 사용하여 연주한다. 이로 인해 슬러Slur로 되어있는 악보는 텅잉을 하지 않을 경우 글리산도Glissando가 발생한다. 따라서 트롬본 연주자는 배음Overtone을 제외하고, 슬러로 표시된 악보를 부드러운 텅잉(Du, Da)을 사용하여 레가토Legato로 연주해야 한다. 숙련된 전문 연주자의 경우 거의 완벽한 레가토 연주가 가능하다. [예 2-53]의 악보 A 를 실제로 연주할 때는 B 처럼 레가토 텅잉을 사용하여 연주하게 된다. 3번째 마디의 파(F), 시♭(B♭), 레(D)는 각각 B♭배음 열의 2번째, 3번째, 4번째 배음에 해당하여 그 사이에 음이 존재하지 않는다. 연주자는 마디를 시작하는 음인 파(F)를 텅잉하고, 이후 시♭(B♭)와 레(D) 음은 텅잉 없이 슬러로 연주할 수 있다.

예 2-53 트롬본 레가토

## 4) 베이스 트롬본 Bass Trombone

베이스 트롬본은 테너 트롬본보다 더 크게 설계되어 저음 연주가 매우 용이하다. 베이스 트롬본은 베이스 음역을 담당하며, 관악단의 저음부를 강화한다. 학생(동호인)을 위한 관악곡은 테너 트롬본과 베이스 트롬본을 구분하지 않지만, 전문 관악단을 위해 작·편곡된 연주곡은 테너 트롬본과 베이스 트롬본을 정확히 구분하여 출판한다.

독일 타인 베이스 트롬본(B♭/F-어태치먼트) 'BvD 모델' THEIN Bass Trombone 'BvD Model'
(이 모델의 경우 저음역 확장을 위하여 B♭, F 두 개의 어태치먼트를 장착)

**예 2-54** 베이스 트롬본 음역

**예 2-55** 베토벤, 《교향곡 제9번 '합창'》 4악장

# 2-15 유포니움(Euphonium), 바리톤(Baritone)

유포니움은 관악단에서 사용하는 악기 중 가장 독특한 악기이자, 오케스트라의 정규 편성에 포함되지 않는 유일한 금관악기이다. 유포니움은 '좋은 소리'란 뜻을 가진 그리스어 유포니아Euphonia가 어원이다. 유포니움은 깊고 따스하며 풍부한 저음을 가지고 있어, 오케스트라의 첼로에 자주 비유된다. 유포니움은 서정적인 선율과 대선율Counter Melody을 아름답게 표현할 수 있다. 유포니움은 테너 튜바Tenor Tuba로 불리기도 하며, B♭조 이조악기지만 C조로 기보한다. 일부 음악 출판사는 아마추어 연주자를 위해 이조가 필요 없는 높은음자리표 B♭ 악보를 제공하기도 한다.

미국의 권위있는 관악전문지 '인스트루멘탈리스트The Instrumentalist'의 Q&A란에 미국 관악부 지도 교사가 "유포니움과 바리톤의 차이점이 무엇입니까?"라는 질문을 보낸 적이 있다. 이를 통해서도 알 수 있듯, 유포니움과 바리톤은 자주 혼동되지만, 유포니움과 바리톤은 명확히 구분되는 악기이다. 일반적으로 유포니움에는 4개의 밸브가 있는 데에 비해, 바리톤에는 3개의 밸브가 있다. 밸브의 개수는 저음역과 밀접하게 연관되므로, 유포니움은 저음 B♭, 바리톤은 저음 E♭까지 연주할 수 있다. 바리톤은 주로 구세군 악대와 같은 영국식 브라스 밴드에서 사용된다. 밸브가 3개인 악기는 바리톤이 아니라 입문자용 유포니움인 경우가 많다. 학교(동호인) 관악단을 위한 초급 및 중급용 연주곡은 유포니움과 바리톤 파트를 구분하지 않고 바리톤을 기준으로 기보된다. 반면, 전문 관악단용 작품은 저음 B♭까지 연주 가능한 유포니움을 위한 악보로 기보된다.

**예 2-56** 유포니움 및 바리톤 음역

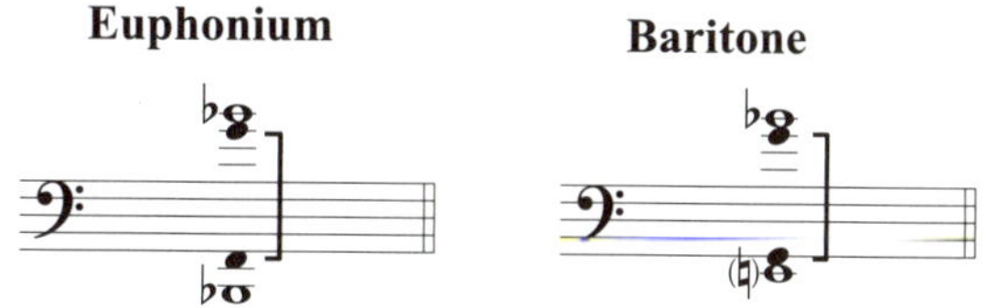

 유포니움 vs 바리톤

| 구분 | Euphonium | Baritone |
|---|---|---|
| 조 성 | B♭ | B♭ |
| 기 보 | in C (𝄢) | in C (𝄢) / in B♭ (𝄞) |
| 밸브 수 | 4(3) | 3 |
| 최저음 | | |
| 악 기 |  | |



[예 2-58]는 영국 작곡가 홀스트(G. Holst, 1874~1934)의 관현악 작품 《행성The Planets》 중 제 4곡 '목성Jupiter, the Bringer of Jollity'이다. 이 곡에서 유포니움은 오케스트라 파트보에 '테너 튜바 Tenor Tuba'로 표기되어 있으며, B♭조 높은음자리표로 기보되어 있다.

 홀스트, 《행성》 4악장 '주피터'

# 2-16 튜바, 수자폰

## 1) 튜바 Tuba

튜바는 가장 크고 무거운 금관악기로, 관악단에서 저음역을 담당한다. 튜바는 1835년 독일의 군악대장 빌헬름 비프레히트(Wilhelm F. Wieprecht)와 악기 제작자 요한 모리츠(Johan G. Moritz)에 의해 발명되었으며, 그 이름은 라틴어 'Tube'에서 유래했다.

튜바는 금관악기 가운데 가장 늦은 시기인 19세기 후반에 정규 오케스트라 악기로 편성되었다. 튜바는 E♭, F, B♭, C조 4가지 조성으로 제작되며, 국내 관악단에서는 주로 B♭조 튜바가 사용된다. 작곡가와 편곡자는 튜바 연주자가 4가지 중 어떤 조성의 악기를 사용하는지 알 수 없기 때문에, 조성과 관계없이 C조로 기보한다. 이 경우 튜바 전공자와 아마추어 연주자 모두 자신의 악기조에 맞게 악보의 음을 이조하여 연주한다.

독일 알렉산더 B♭ 튜바 '모델 164'
Alexander B♭ Tuba 'Model 164'
(저음 연주를 위해 4번 밸브 추가 장착)

독일 알렉산더 F 튜바 '모델 157'
Alexander F Tuba 'Model 157'
(저음 확장을 위해 6개의 로터리 밸브 장착)

**예 2-59** 튜바, 수자폰 음역(실용 음역은 3밸브 B♭ 튜바, 수자폰 음역)

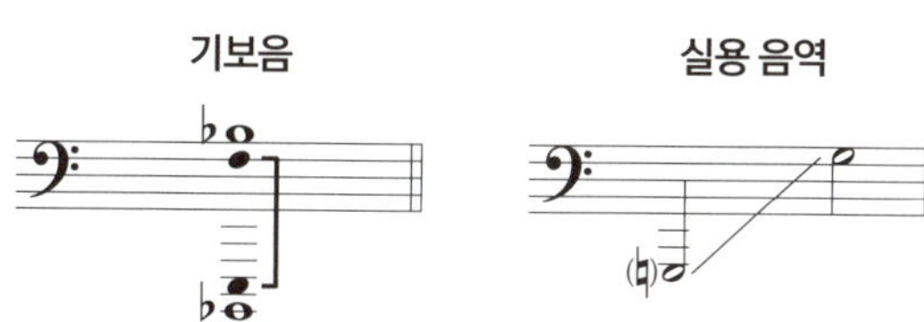

 바그너, 오페라 《뉘른베르크의 명가수》 서곡

## 2) 수자폰 Sousaphone

수자폰은 B♭조 이조악기이다. 수자폰은 튜바와 연주법과 음역이 유사하기 때문에 주로 튜바 주자가 연주한다. 수자폰은 1893년경 미국 행진곡 왕 존 필립 수자(J. P. Sousa, 1854~1932)의 제안으로 W. 페퍼(J. W. Pepper)가 제작했다. 악기명은 수자Sousa의 이름을 따서 수자폰Sousaphone이라고 명명되었다.

수자폰은 헬리콘Helicon을 개량하여 만들어졌으며, 어깨에 멜 수 있기 때문에 서서 연주하거나 행진할 때 매우 편리하다. 주로 군악대, 마칭 밴드, 재즈 브라스 밴드에서 사용된다.

주피터 수자폰
Jupiter Marching
Sousaphone 'JSP1100'

 수자, 《행진곡 '성조기여 영원하라'》

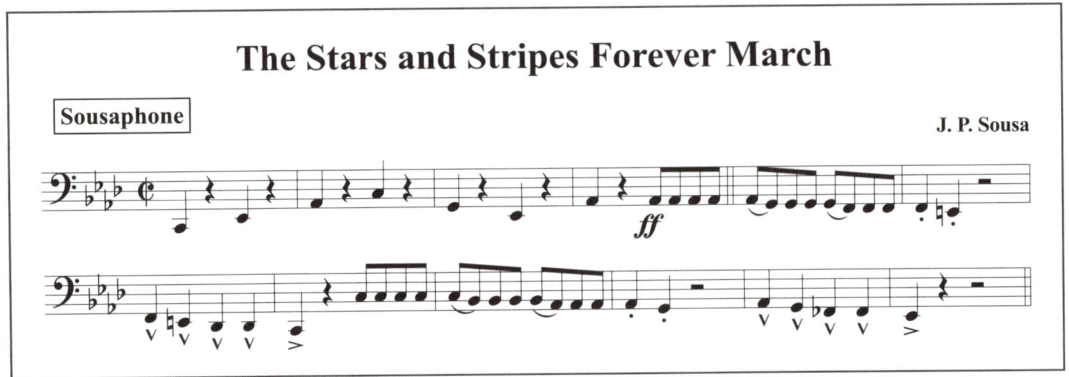

# 2-17  스트링 베이스, 베이스 기타

## 1) 스트링 베이스 String Bass, 더블 베이스 Double Bass

스트링 베이스, 더블 베이스, 콘트라베이스Contrabass는 모두 같은 악기에 대한 명칭이다. 스트링 베이스의 경우 실제음보다 한 옥타브 높게 기보되며, 관악단에서 튜바와 함께 최저음을 보강하는 역할을 한다. 스트링 베이스는 관악곡에서 아주 부드럽고 여린 피아니시모(***pp***)로 연주하는 경우가 많으며, 활을 사용한 아르코arco 주법과 오른손 손가락을 튕기는 피치카토pizzicato 주법으로 관악단에 색채감을 더해준다.

독일 빌퍼 콘트라베이스
E. Wilfar Contrabass

예 2-62  스트링 베이스, 베이스 기타 음역

[예 2-63]은 홍난파 작곡 《고향의 봄》을 편곡한 악보이다. 첫 번째와 두 번째 마디는 피치카토pizz.로 연주 후, 세 번째 마디에서 활을 사용하여 아르코arco로 연주한다. 현악기의 활Bow을 사용하는 연주법을 보잉Bowing이라고 한다. 보잉은 일반적으로 강박은 내림 활(∏)Down-bow, 약박은 올림 활(V)Up-bow을 사용한다.

예 2-63  스트링 베이스 pizz., arco

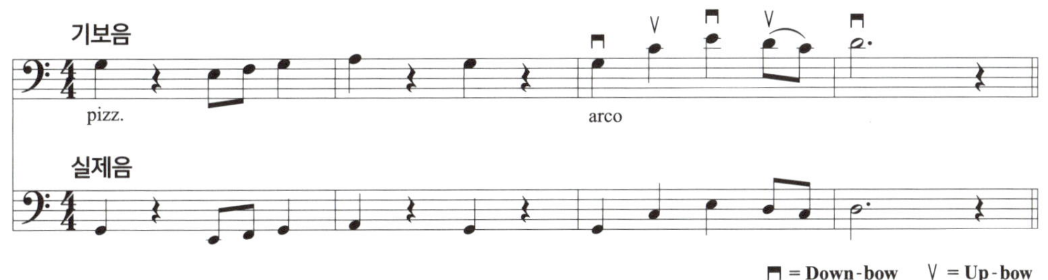

## 2) 베이스 기타 Bass Guitar

베이스 기타는 일렉 베이스Electric Bass라고도 하며, 주로 팝과 경음악 연주에 사용된다. 베이스 기타는 실제음보다 한 옥타브 높게 기보된다. 일렉 베이스는 스트링 베이스와 동일하게 4현으로 구성되어 있다. 이 악기는 1950년대에 미국의 레오 펜더(L. Fender, 1909~1991)가 기타Guitar용 전기 픽업을 개발하면서 발명되었는데, 지금도 펜더Fender는 세계적인 기타 제조사로서 많은 명기를 제작하고 있다. 튜바 악보를 베이스 기타 또는 스트링 베이스로 연주할 경우, [예 2-64]과 같이 튜바보다 한 옥타브 높게 이조해야 한다.

미국 펜더 '아메리칸 프로페셔널 II 재즈베이스'
Fender 'American Professional II Jass Bass'

**예 2-64** 베이스 기타 기보법

# 2-18 타악기(Percussion)

## 1) 타악기 개론

타악기는 현대 관악단에서 리듬과 다이내믹을 강조하며, 극적인 효과를 만들어내는 데 있어 매우 중요한 역할을 한다. 타악기의 가장 기본적인 역할은 리듬을 제공하는 것이다. 스네어 드럼과 베이스 드럼은 앙상블의 리듬을 강화하고 유지하는데 필수적이다. 그러나 현대에는 타악기의 역할이 단순한 리듬 제공을 넘어서, 아래와 같은 음악적 가치를 지닌다.

첫째, 타악기는 다양한 음색을 활용해 곡의 질감을 풍부하게 만든다. 실로폰과 글로켄슈필 같은 악기들은 밝고 투명한 음색을 들려주며, 트라이앵글과 심벌즈는 관악단의 소리에 독특하고 선명한 울림을 더한다. 타악기는 곡을 다채롭게 만들며 청중에게 새로운 음악적 경험을 선사할 수 있다.

둘째, 타악기는 곡의 긴장감을 조성하는 데 핵심적인 역할을 한다. 중요한 장면에서 강렬한 타악기 연주로 극적인 긴장감을 높이거나, 클라이맥스에서는 스포르잔도(Sforzando, *sfz*)를 활용하여 청중에게 강렬한 인상을 남길 수 있다. 타악기는 단순한 리듬 악기를 넘어 곡의 감정의 흐름을 조절하고 강조하는 중요한 역할을 한다.

셋째, 타악기는 곡의 다이내믹(음량)을 조절하는 중요한 요소다. 점점 음량을 키우며 클라이맥스로 나아가거나, 반대로 긴장감을 유지한 채 작은 소리로 전환하는 다이내믹 변화를 통해 청중에게 강한 인상을 준다. 이러한 다이내믹 변화는 타악기가 곡의 흐름을 주도하는 동시에 극적인 효과를 극대화하는 주요 기법이다.

오늘날 타악기의 역할은 더욱 중요해지고 있다. 타악기는 단순한 리듬 악기를 넘어서 음색과 다이내믹, 극적인 전환을 담당하는 중요한 악기군으로 자리 잡고 있다. 따라서 지휘자는 타악기의 연주법, 기보법, 악기명, 각 악기의 특징을 깊이 이해해야 하며, 리허설 중 타악기 파트 연주자와 긴밀하게 협력해야 한다. 이러한 노력을 통해 지휘자는 곡의 전체적인 구조와 표현을 더욱 효과적으로 완성할 수 있다.

## 타악기의 특성

타악기는 관악기와 달리 음을 지속적으로 연주할 수 없다. 간단한 실험을 위해 다음 악보를 박수로 연주해 보자.

 박수 실습

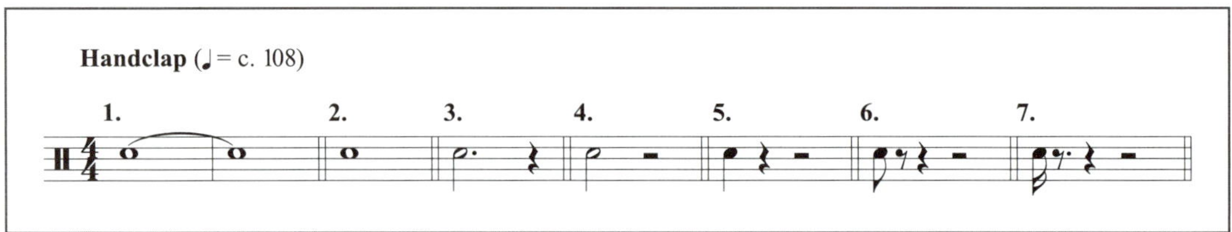


1번부터 7번까지 직접 박수를 쳐보면, 악보의 길이가 다르더라도 모두 동일하게 한 번의 소리가 울린 후 빠르게 사라진다는 점을 알 수 있다. 이 실험을 통해 보았듯, 타악기는 음이 지속되지 않는다는 특성을 지닌다.

이는 지휘자가 타악기를 공부할 때 반드시 인식해야 할 중요한 점이다. 음을 오래 유지할 수 없다는 한계를 극복하기 위해 주로 두 가지의 작곡 기법이 사용된다:

① **롤**Roll: 타악기에서 매우 흔하게 사용되는 기법으로, 빠르게 반복적으로 타격하여 지속적인 소리를 만들어내는 방법이다. 주로 팀파니, 스네어 드럼, 베이스 드럼 등의 악기에서 사용된다.

② **동일한 리듬의 반복**: 짧은 소리를 여러 번 반복하여 리듬의 흐름을 유지하고, 음이 연속적으로 들리게 연주하는 기법이다.

## 2) 타악기 종류

### (1) 음정이 있는 드럼

| | |
|---|---|
| 팀파니 | Timpani |
| 케틀 드럼(팀파니의 영국식 명칭) | Kettle Drum |

### (2) 음정이 없는 드럼

| | |
|---|---|
| 스네어 드럼 | Snare Drum |
| 피콜로 스네어 | Piccolo Snare |
| 베이스 드럼 | Bass Drum |
| 테너 드럼 | Tenor Drum |
| 톰톰 | Tom-tom |

### (3) 금속(Metals) 타악기

| | |
|---|---|
| 심벌즈 | Cymbals |
| 서스펜디드 심벌 | Suspended Cymbal |
| 크래시 심벌 | Crash Cymbal |
| 하이햇 심벌 | Hi-hat Cymbal |
| 라이드 심벌 | Ride Cymbal |
| 탐탐 | Tam-tam |
| 공 | Gong |
| 스틸 드럼 | Steel Drum |
| 앤빌 | Anvil |
| 카우벨 | Cowbell |
| 트라이앵글 | Triangle |
| 썬더 시트 | Thunder Sheet |

### (4) 말렛(Mallet) 타악기

| | |
|---|---|
| 글로켄슈필/오케스트라 벨 | (독)Glockenspiel (영)Orchestra Bells |
| 실로폰 | Xylophone |
| 비브라폰 | Vibraphone |
| 마림바 | Marimba |
| 튜블러 벨/차임 벨 | Tubular Bells/Chime Bell |

## (5) 음정이 없는 타악기

| | |
|---|---|
| 탬버린 | Tambourine |
| 캐스터네츠 | Castanets |
| 윕(슬랩스틱) | Whip(Slapstick) |
| 우드 블록 | Wood Block |
| 템플 블록 | Temple Block |
| 래쳇 | Ratchet |
| 슬레이 벨 | Sleigh Bell |
| 윈드 차임 | Wind Chimes |

## (6) 라틴(Latin) 타악기

| | |
|---|---|
| 귀로 | Güiro |
| 마라카스 | Maracas |
| 클라베스 | Claves |
| 비브라슬랩 | Vibraslap |
| 팀발레스 | Timbales |
| 봉고 | Bongo |
| 콩가 | Conga |

## (7) 효과 악기

| | |
|---|---|
| 호각 | Whistles |
| 사이렌 | Siren Horn |
| 자동차 경적 | Motor Horns |
| 윈드 머신 | Wind Machine |
| 버드 휘슬 | Bird Whistle |
| 슬라이드 휘슬 | Slide Whistle |

## 3) 타악기 용어

※ 부록 [자주 쓰는 관악 용어] 타악기 참조

## 4) 타악기 기보법

### 타악기 보표

홀스트(G. Holst, 1874~1934)는 《제2 모음곡Second Suite in F》에서 음정이 없는 타악기Snare Drum, Bass Drum, Cymbals를 나타내기 위해 전통적 기보법인 낮은음자리표를 사용하였다.

**예 2-66** 홀스트, 《제2 모음곡》 1악장 타악기

오늘날 음정이 없는 타악기를 악보에 표시할 경우, [예 2-67]에서의 타악기 보표 사용이 일반적이다.

**예 2-67** 타악기 보표

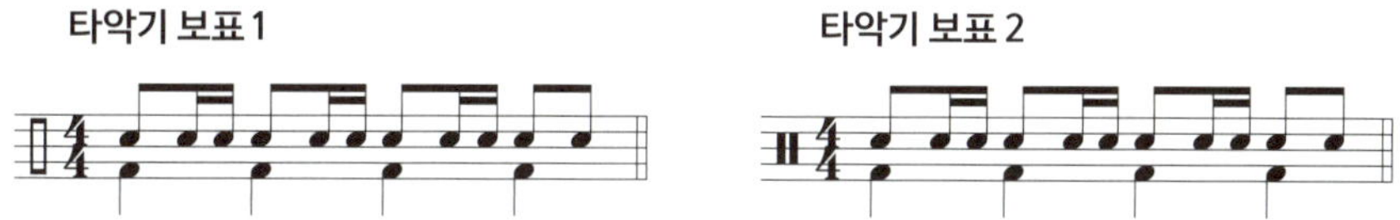


### 심벌즈 표기법(Cymbals Notation)

심벌즈는 전통적으로 음표를 사용하여 표기하였다. 그러나 심벌즈를 연주한 후 일정 시간이 지나면 울림이 사라지게 되므로, 심벌즈 음가의 길이를 정확히 악보에 표기하는 것은 어렵다. 현대에는 지속적으로 심벌즈의 소리가 울려야 한다는 의미를 나타낼 때 이음줄과 유사한 '⌒'를 사용하거나 'Let ring'이라고 표기하며, 음표의 머리에는 ×기호를 사용한다.

**예 2-68** 심벌즈 기보법

## 타악기의 롤(Roll)과 트레몰로(Tremolo)

타악기가 긴 음을 표기할 때는 [예 2-69]처럼 롤Roll과 트레몰로Tremolo를 사용한다. 타악기에서 '롤'과 '트레몰로'는 동일한 방식으로 연주된다.

예 2-69 타악기의 롤, 트레몰로

## 팀파니의 롤, 트레몰로(Roll, Tremolo)

팀파니는 한 번 치고서 일정 시간이 지나면 음이 사라진다는 특징이 있다. 이때 팀파니의 음을 지속하기 위해서는 롤Roll을 사용하여 연속적으로 연주해야 한다. 기보는 롤Roll과 트레몰로Tremolo 모두 사용 가능하다.

예 2-70 팀파니의 롤, 트레몰로

## 드럼 세트 기보법(Drum Set Notation)

　드럼 세트는 오선보를 사용하여 기보한다. 첫째 칸에는 킥 드럼(베이스 드럼), 셋째 칸에는 스네어 드럼, 넷째 칸에는 하이햇 심벌, 다섯째 칸은 라이드 심벌을 기보한다. 셋째 줄과 둘째 칸에는 톰톰을 기보하는 것이 일반적이다. 그러나 타악기 기보법의 경우 국제표준이 없는 만큼 작곡가와 출판사에 따라 약간의 차이가 있을 수 있다.

**예 2-71**　드럼 세트 기보법

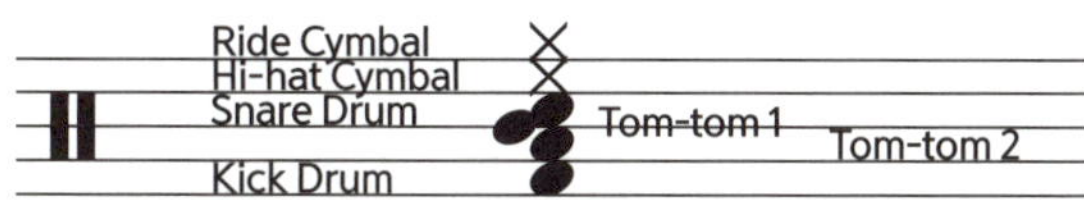


독일 소노 드럼 세트 'SQ1'
Sonor Drum set 'SQ1'

## 드럼 세트(타악기)의 반복 기보법

　[예 2-72]의 A 는 한 마디 반복, B 는 두 마디 반복을 나타내며, C 의 Fill in은 드럼 연주자가 세 번째, 네 번째 박자에서 자유롭게 연주하라는 의미이다.

**예 2-72**　드럼 세트 악보

## 말렛(Mallet)

　'말렛Mallet'이란 실로폰, 마림바, 팀파니 등의 연주에 사용되는 스틱으로써 천이나 실, 솜으로 덮여있는 채이다. 말렛은 재질에 따라 소프트Soft, 미디엄Medium, 하드 Hard로 나눈다.

SPM 말렛

# 5) 음정이 있는 타악기

**말렛 퍼커션(Mallet Percussion)**

| 악기명 | 재질 | 이조 | 주요 특징 |
|---|---|---|---|
| (독) 글로켄슈필 Glockenspiel<br>(영) 오케스트라 벨 Orchestra Bells | 금속 | 실음보다 2 옥타브 낮게 기보 | 맑고 투명한 금속성 소리<br>관악단에서 고음 멜로디 강조에 사용(피콜로 음역) |
| 실로폰 Xylophone | 나무 | 실음보다 1 옥타브 낮게 기보 | 선명하고 경쾌한 소리<br>빠른 멜로디와 리듬 표현(플루트 음역) |
| 마림바 Marimba | 나무 | 실음 | 부드럽고 따뜻한 저음<br>넓은 음역을 소화할 수 있는 악기 |
| 비브라폰 Vibraphone | 금속 | 실음 | 미국에서 발명, 재즈밴드·관악단 사용<br>금속성 울림 비브라토 효과<br>전기 팬(Fan) on/off 기능 |
| 차임 벨 Chime Bell<br>튜블러 벨 Tubular Bells | 금속 | 실음 | 깊고 얇은 금속 튜브로 구성<br>종소리와 유사한 청명하고 은은한 사운드가 특징<br>종교적이고 신비로운 느낌에 사용 |

네덜란드 마제스틱 글로켄슈필
Majestic Glockenspiel

일본 코로기 실로폰
KOROGI Xylophone

코로기 비브라폰
KOROGI Vibraphone

코로기 마림바
KOROGI Marimba

마제스틱 차임
Majestic Chime

## 팀파니(Timpani), 케틀 드럼(Kettle Drum)

영어권 국가에서는 큰 주전자를 닮았다고 하여 팀파니를 '케틀 드럼'이라고도 부른다. 팀파니는 12세기 십자군 전쟁 때 오스만 제국(오늘날 튀르키예)에 의해 유럽에 전해졌으며, 당시에는 주로 군악대에서 사용하였다. 팀파니는 북(드럼) 종류 중 유일하게 음정이 있는 악기이다.

팀파니는 17세기 중반부터 이미 오케스트라에서 사용되었으며, 팀파니를 사용한 교향곡 초기의 대표적인 작품은 하이든(Joseph Haydn, 1732~1809)이 작곡한 《교향곡 제100번 '군대'Symphony No. 100 'Military'》 2악장이다. 팀파니는 페달을 이용하여 헤드(가죽, 합성 가죽)의 장력을 변화시켜 음정을 조정한다. 29인치(74cm)와 26인치(66cm)가 기본 사이즈이며 필요에 따라 32인치나 23인치 팀파니를 추가로 사용한다. 팀파니는 현대 관악단의 필수 타악기로 자리잡고 있다.

네덜란드 마제스틱 팀파니 '심포닉 시리즈'
Majestic Timpani 'Symphonic Series'

## 6) 음정이 없는 타악기

### 관악단의 필수 타악기 '큰북', '작은북'

관악단의 리듬을 담당하는 필수 타악기에는 큰북과 작은북이 있다. 큰북은 베이스 드럼Bass Drum, 작은북은 스네어 드럼Snare Drum이라고 한다. 이미 18세기 후반부터 군악대의 행진곡 연주에 필수적인 악기로 자리잡았으며, 관악단과 깊은 연관을 맺어 왔다.

베이스 드럼은 깊고 낮은 소리를 통해 곡의 리듬과 템포를 안정시키며 무게감을 더하는 역할로,

주로 강하고 단순한 박자로 연주한다. 반면 스네어 드럼은 날카롭고 예리한 소리로 리듬 패턴을 명확히 하여, 행진곡 등에서 중요한 리듬을 담당한다. 이 두 악기는 관악단의 리듬의 기초를 형성하며 매우 중요한 역할을 한다.

마제스틱 스네어 드럼
Majestic Snare Drum

마제스틱 베이스 드럼
Majestic Bass Drum

## 심벌즈(Cymbals)

심벌즈Cymbals는 주로 곡의 특정 부분에서 강한 악센트를 통해 클라이맥스를 강조하며 강렬한 사운드를 만들어 낸다.

•크래시 심벌즈Crash Cymbals: 두 장의 심벌을 부딪혀 강한 사운드를 내며, 극적인 악센트나 악곡의 클라이맥스에서 주로 사용된다.

•서스펜디드 심벌Suspended Cymbal: 스탠드에 매달아 스틱Stick이나 말렛Mallet으로 부드럽게 롤Roll 연주를 하여 점점 커지는 극적인 효과를 내는 데 주로 사용된다.

•하이햇 심벌Hi-hat Cymbal: 두 장의 심벌을 겹쳐 장착해 페달로 조절하여 소리를 변화시킨다. 주로 드럼 세트Drum set에서 비트를 유지하고 리듬을 강화하는 역할을 하며 재즈, 록, 팝 음악에서 널리 사용된다.

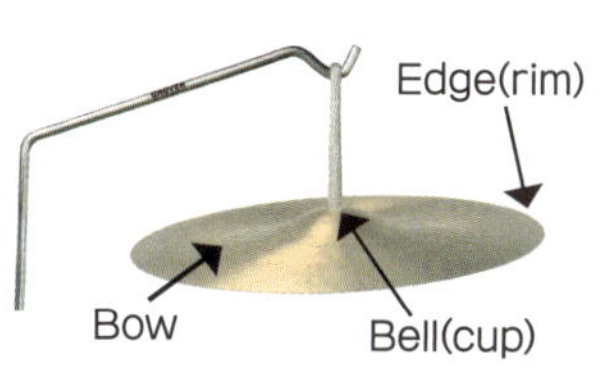

심벌즈 부분별 명칭

미국 질지언 오케스트라 심벌즈
A Zildjian Orchestra Cymbals

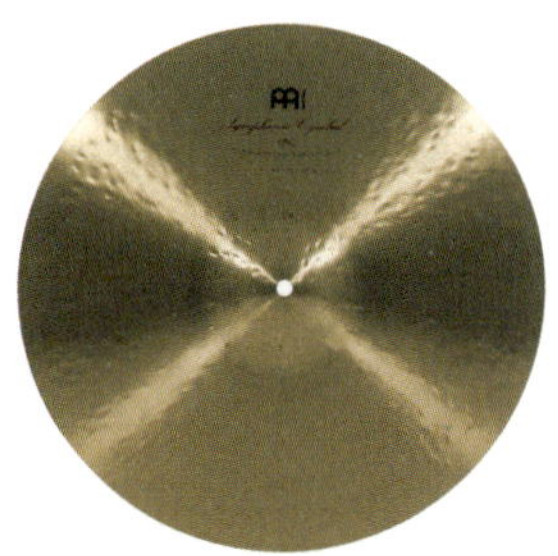

독일 메이늘 서스펜디드 심벌
Meinl Susperded Cymbal

## 7) 혼동하기 쉬운 타악기 명칭

타악기는 일반적으로 팀파니, 실로폰처럼 음정이 있는 타악기와 스네어 드럼, 베이스 드럼과 같이 음정이 없는 타악기로 분류한다. 아래의 예시는 지휘자, 관악 지도자가 혼동하기 쉬운 타악기들이다.

### 스네어 드럼 (Snare Drum)

스네어 드럼은 상단과 하단 두 개의 드럼 헤드로 구성된 타악기로, 하단에 부착된 금속 와이어인 '스네어Snare'를 통해 특유의 날카롭고 짧은 소리를 만들어낸다. 연주자는 드럼에 부착된 스트레이너(레버)를 조작하여 두 가지 연주를 선택할 수 있다. 스네어를 드럼 헤드에 밀착시키는 '스네어 온Snare On' 상태에서는 날카롭고 선명한 소리가 난다. 스네어를 떨어뜨리는 '스네어 오프Snare Off'는 부드럽고 울림이 긴 소리로, 톰톰과 유사한 음색을 갖는다.

마제스틱 콘서트 스네어 드럼
Majestic Concert Snare Drum

**예 2-73** 스네어 드럼 장식음과 롤

## 탐탐(Tam-tam), 공(Gong)

현대 작곡가와 타악기 연주자들은 두 가지 명칭을 정확히 구별하여 사용하지만, 근대에 작곡된 관악 스코어에서는 '탐탐'과 '공'이라는 명칭이 혼용되어 관악 지휘자들에게 혼란을 초래하기도 한다. 정확히 말하자면, 탐탐(영어식 발음 '탬탬')은 놋쇠로 만들었으며 일정한 음정(피치)이 없는 원반형 타악기이다. 우리가 흔히 공이라고 부르는 것은 사실 탐탐을 가리키는 경우가 많다. 반면, 실제로 공은 일정한 음정을 가지고 있는 악기로, 이를 '음정이 있는 공(Tuned Gongs)'이라 부르며 3~5개의 공으로 구성된 경우가 일반적이다.

가장 큰 구조적 특징은 공은 중앙에 약간 튀어나온 돔 형태이고, 탐탐은 중앙에 튀어나온 부분이 없이 평평하다. 공은 주로 중국과 인도네시아 전통 음악에서 흔히 사용된다. 탐탐은 오케스트라와 현대 음악에서 폭넓게 사용된다.

 탐탐, 공 악보

독일 메이늘 탐탐
Meinl Tam-tam

## 우드 블록(Wood Block), 템플 블록(Temple Block)

우드 블록과 템플 블록은 서로 다른 악기이다. 우드 블록은 일반적으로 한 개의 나무 토막으로 된 악기이다. 반면, 템플 블록은 이름에서 알 수 있듯이 사찰(절)에서 사용하는 목탁을 뜻한다. 보통 각기 다른 크기의 4~5개의 목탁이 한 세트로 장착되어 있으며, 고급형의 경우 실제 목탁으로 구성되고 일반형은 사각형 형태로 제작된다.

| Wood Block | Temple Block |
|---|---|
| 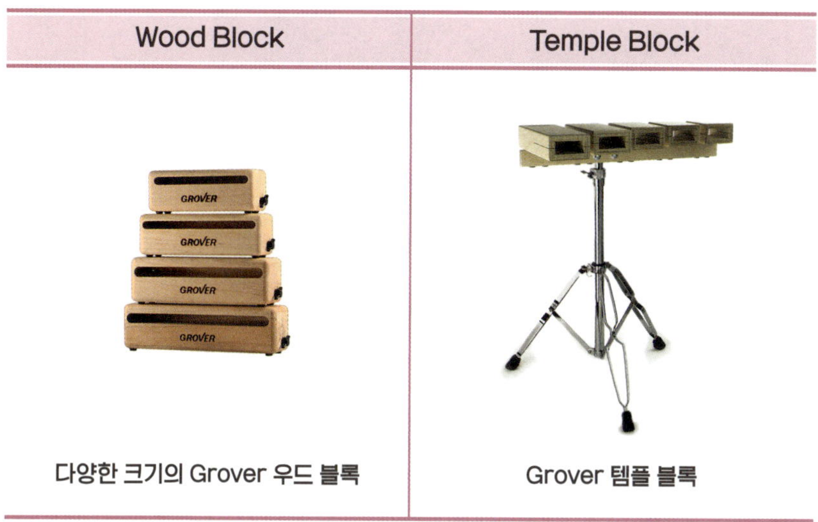 | |
| 다양한 크기의 Grover 우드 블록 | Grover 템플 블록 |

## 스틸 드럼(Steel Drum)과 스틸 드럼 밴드(Steel Drum Band)

스틸 드럼Steel Drum은 카리브해에서 유래한 라틴 타악기로, 드럼통의 윗부분을 특수하게 두드리고 조율해 만든 독특한 악기이다. 이 악기는 맑고 금속성의 개성있는 음색으로 열대 해변의 축제 분위기를 자아내며, 말렛Mallet이나 스틱Stick으로 두드려 소리를 낸다. 여러 대의 스틸 드럼으로 구성된 밴드는 스틸 드럼 밴드Steel Drum Band라고 불리며, 주로 칼립소Calypso, 레게Reggae 등 카리브해 음악을 연주한다.

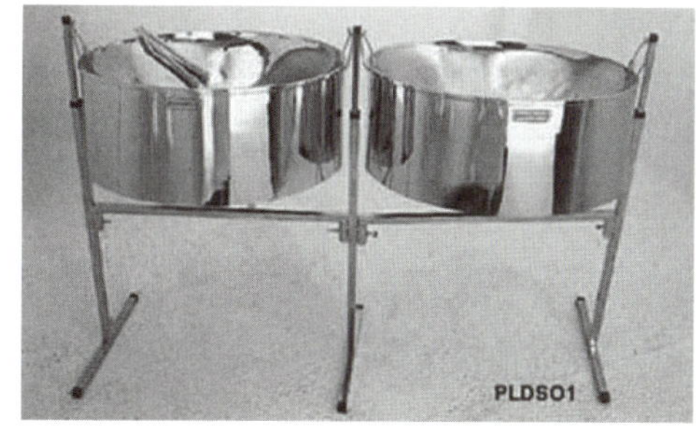


미국 팬랜드 스틸 드럼
Panland Steel Drum

# III

# 편곡법
## (이조악기, 편곡 실습)

# 스트라빈스키가 바꾼 '바순'의 운명: 음의 한계를 넘다

1913년, 스트라빈스키(Igor Stravinsky, 1882~1971)의 《봄의 제전The Rite of Spring》이 파리 샹젤리제 극장에서 초연되었을 때의 일이다. 이 작품은 발레와 관현악이 결합된 무대 작품으로, 스트라빈스키는 기존의 전통적인 음악 형식에서 벗어나 관악기의 독창적인 사용과 혁신적인 리듬을 시도했다. 《봄의 제전》 도입부에서 바순Bassoon 독주가 연주되자 청중들은 이 독특하고 낯선 소리에 놀라며 혼란스러워했다. 곧이어 음악은 점점 강렬한 리듬과 불협화음으로 전개되었고, 관악기와 오케스트라의 역동적인 소리가 객석을 압도하였다. 또한 무용수들의 발레 역시 기존의 우아한 동작 대신 원시적이고 강렬한 춤으로 연출되었다.

관악기의 비정형적인 연주법과 무용수들의 괴이한 몸짓은 당대 청중들에게 큰 충격을 주었고, 일부 청중은 이 혁신을 이해하지 못해 소란을 피우며 야유를 보내기도 하였다.

청중들은 왜 그런 반응을 보였던 것일까?

《봄의 제전》이 초연되기 전까지 바순은 저음역을 담당하는 베이스 악기였다. 그러나 스트라빈스키는 바순을 누구도 상상할 수 없었던 높은 음역에서 독주하도록 하며, 그 역할을 완전히 뒤흔들었다. 이는 당시 음악계의 통념을 허문 전례 없는 파격이었다.

이후 버르토크(Béla Bartók, 1881~1945)와 메시앙(Olivier Messiaen, 1908~1992) 역시 스트라빈스키를 이어 음역의 한계에 도전하며 극한의 음역을 효과적으로 사용하였다.

오늘날 작곡가들은 스트라빈스키의 혁신적인 접근 방식을 이어받아 관악기의 전통적인 역할을 확장하는 한편, 새로운 음향 가능성을 탐구하고 있다.

## 나의 첫 번째 편곡

고등학교 2학년 때의 일이다. 트롬본을 전공하는 친구가 성당에서 금관 5중주로 크리스마스 캐럴을 연주하자고 제안했다. 약간의 수고비와 식사까지 제공한다고 하니, 나로서는 좋은 기회였고 재미있을 것 같아 흔쾌히 찬성했다. 그런데 문제가 생겼다. 학교에는 성당에서 연주할 만한 금관 5중주 악보가 없었던 것이다. 평소 편곡에 관심이 있었던 나는 "내가 편곡해 줄게!"하며 친구에게 당당히 약속했다. 일주일을 고심하며 찬송가 중 캐럴 세 곡을 골라 금관 5중주로 편곡을 완성했다. 첫 편곡이라 정말 한 음 한 음을 손가락으로 꾹꾹 눌러가면서 정성을 다해 파트보도 사보했다.

드디어 첫 연습날이 되었다. 나는 집을 나서기 전에 파트보에 문제가 없는지 다시 한번 꼼꼼히 살펴보았다. 나의 첫 번째 곡, 아니 나의 첫 번째 작품 '크리스마스 캐럴'이 금관 5중주의 웅장한 사운드로 멋지게 연주된다니 상상만으로도 만면에 뿌듯한 미소가 번졌다. 하도 신이 나 등굣길에는 속으로 혼자 히죽거리기까지 했다.

학교 음악실에는 음대에서 트럼펫을 전공하는 선배가 한 명, 트럼펫과 트롬본을 전공하는 친구, 그리고 호른을 전공하는 후배가 있었다. 나는 한껏 기대하며 그들에게 각 파트의 악보를 나눠주었다.

트럼펫 선배의 시작 신호에 맞춰 첫 곡의 연주가 시작되었다.
그런데 웬걸, 울려 퍼지는 소리는 내가 생각했던 장엄한 금관 5중주 사운드가 아니었다.

"뭐랄까, 캐럴은 캐럴인데… 들어보지도 못한 희한한 불협화음이 뒤섞인 현대 음악, 아니 햄버거 빵 사이에 약간 맛이 간 패티가 씹히는 느낌."

나는 본능적으로 알아챘다. '앗 뭐가 잘못됐다. 뭐지?'

결국 누가 말할 것도 없이 몇 마디도 연주하지 못한 채 연습이 중단되었다. 트럼펫 부는 선배가 "어 이상한데… 다들 악보 잘 보고 처음부터 다시 해보자."

다시 연습이 시작되었으나, 연주는 전보다 더 빠르게 멈추었다. 조각난 퍼즐처럼 맞지 않는 무언가가 음악실을 떠다니며 분위기를 어색하게 했다. 조용히 나를 바라보는 선배의 눈길이 모든 것을 말해주고 있었다. 그 시선들이 하나로 모여 나에게 닿는 순간 내 머릿속은 새하얘졌다.

나는 보면대에 있는 악보를 낚아채듯 움켜쥐고 얼른 각 파트를 확인해 보았다. 찾았다. 문제는 호른 파트였다. 지금부터 당시 내가 저질렀던 요상한 호른 음정 계산법을 고백하겠다.

**–호른은 F조 악기다.**

**–가온 도(C4)부터 위의 도(C5)까지는 8도, 즉 1 옥타브다.**

**–파(F)는 그 옥타브 사이, 거의 중간에 있다.**

**–'파'에서 '도'까지 내려가면 완전4도, '파'에서 '도'까지 올라가면 완전5도다.**

**–그래, 그냥 4도 내리자.**

그때 나는 왜 그런지는 몰라도 음이 점점 올라가는 걸 싫어했던 것 같다.

편곡을 시작한 지 얼마 지나지 않아 후배가 한 말이 생각났다.

"형, 호른은 이조할 때 악보를 올려 불어야 돼요!"

"그렇지, 내리면 안 되지! 올려야지. 좋아, 완전4도를 올리자!"

호른은 F조 악기라서 완전5도를 올려야 했는데, 나는 요상한 계산법으로 완전4도씩 올려 편곡을 했다.

나는 점점 싸늘해지는 주위의 시선을 느끼며, 그 자리에서 서둘러 호른 악보를 다시 고쳤다.

눈치 빠른 독자라면 여기까지 읽고도 이미 알아챘겠지만, 성당에서 선보였던 캐럴 연주의 반응은 꽤 괜찮았다. 나는 맛있는 식사와 약간의 *오부리까지 챙길 수 있었다. 어쩌면 그때의 실수가 지금의 나를 만든 것일까?

*오부리: 연주하고 받는 사례비. 이탈리아 음악용어 '오블리가토(Obbligato: 특정한 악기나 파트가 반드시 연주해야 하는 성부)'에서 왔다고 추정함.

# III. 편곡법(이조악기, 편곡 실습)

## 3-1 관악단 이조악기

### 1) 이조악기

많은 지휘자들과 음악 교사, 연주자, 그리고 학생들이 악기론과 관악 이론을 공부함에 있어 이조악기는 큰 어려움으로 작용한다. 실제로 많은 지휘자나 지도자는 Bb, Eb, F조의 이조악기를 마주할 경우, 스코어 리딩을 포기하고 C조 악기나 비교적 쉬운 Bb조 악기 위주로 스코어를 공부하기도 한다.

이조악기 이해는 스코어 리딩에 있어 필수적인 지식이다. 지휘자가 스코어에 편성된 모든 이조악기를 정확히 읽을 수 있다면, 작품에 대한 깊은 해석이 가능해지고 새로운 레퍼토리를 탐구하는 데에도 큰 도움이 될 것이다. 결국, 지휘자는 이조악기를 공부하며 더 넓은 음악적 시야를 확보하게 되며, 작품의 완성도를 높일 수 있는 역량을 갖추게 된다.

### 2) 이조악기의 등장 배경

18세기에 창작된 모차르트의 작품《그랑 파르티타Gran Partita, K. 361》에도 2대의 Bb 클라리넷이 편성되었듯, 이조악기를 사용하는 것은 이미 아주 오래된 음악적 전통이다.

이조악기를 사용하게 된 계기는 무엇일까?

작곡가와 연주자들이 악기의 물리적 한계와 특정 조성에서 더 나은 음질을 얻기 위해 고민한 흔적으로부터 그 이유를 찾을 수 있다. 모차르트 시대에는 지금처럼 관악기가 모든 조에서 정확한 음을 내는 것이 어려웠다.

각 악기는 특정 조에서 더 쉽게 연주되었고, 더 풍부한 음색을 낼 수 있었다. 그러므로 작곡가들은 각 곡에 맞는 적절한 조와 이조악기를 신중하게 선택해야 했다.

예를 들어, 모차르트의 작품《그랑 파르티타》에는 B♭ 클라리넷이 사용되었는데, 클라리넷은 B♭조에서 특히 더 풍부한 음색을 낼 수 있기 때문이다. 이 곡을 연주함에 있어 B♭장조와 B♭ 클라리넷을 선택한 것은 자연스럽고 균형잡힌 소리를 고려한 결과였던 것이다.

반면, 모차르트의《클라리넷 협주곡Clarinet Concerto K. 622》은 A장조로 작곡되었고, A조 클라리넷을 사용하여 B♭조에 비해 부드럽고 따뜻한 음색을 만들었다. 그 결과 현악기와 조화롭게 어우러졌으며, 특히 바이올린 연주에서 자주 사용되는 개방현의 울림과도 자연스럽게 섞일 수 있었다. 이조악기의 사용은 단순한 기술적 선택이 아니라, 음악적 표현력과 소리의 깊이를 극대화하기 위한 중요한 전략이었다. 즉, 작곡가들은 작품이 요구하는 최적의 음악적 효과를 위해 적절한 조성과 이조악기를 선택한 것이다.

스코어 리딩의 기본은 악보를 보고 각 악기의 실제 연주 음정을 즉시 파악하는 일이다. [예 3-1]은 관악곡의 첫 마디에 해당하는 클라리넷 악보이다.

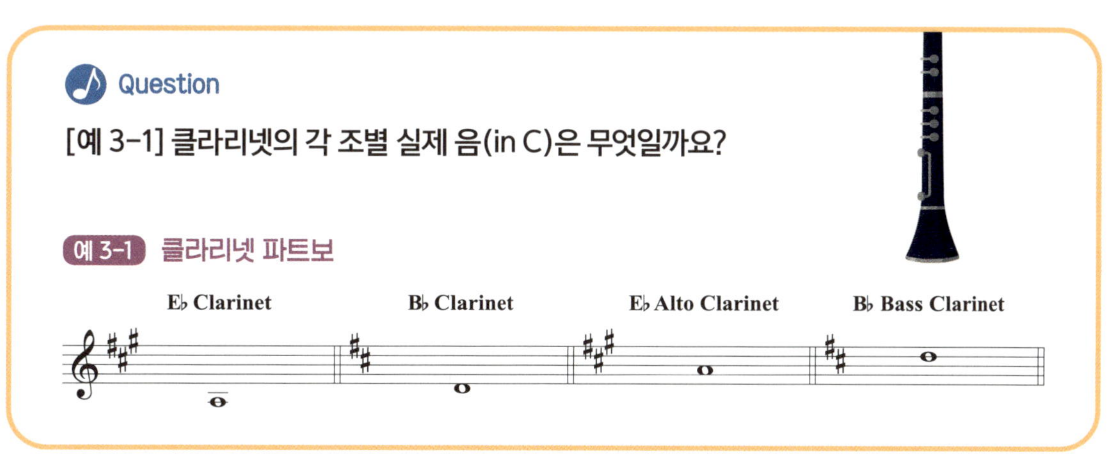


정답을 보기 전에 잠시 생각해 보자. 이조악기에 대한 이해도를 평가할 수 있는 훌륭한 방법이다.

**자 이제 당신의 답변은?**     **답:** _______________

정답을 확인해 보자.

혹시 오답을 제출한 학습자는 아래에 제시되는 내용을 참고하여 학습하기를 바란다. 이 부분을 충분히 숙지하면 이조악기에 대한 이해도를 높일 수 있다.

① 음정의 정확한 개념 이해(예: 장2도 '도와 레'처럼 두 음의 거리가 온음일 때, 단2도 '시와 도'처럼 두 음의 거리가 반음일 때…)

② 각 관악기의 조성 파악(예: E♭ 알토 색소폰, F 호른 등)

③ 이조악기 중 옥타브를 높이거나 낮추어 기보하는 악기(예: 피콜로, 스트링 베이스, 실로폰)

④ 스코어를 보고 이조악기의 정확한 음높이를 나타내는 실제음(실음)을 오선지에 적어보기

### 이조악기란?

이조악기는 악보에 적힌 음과 실제로 연주된 음이 다른 악기를 말한다. 즉, 이조악기의 경우 연주자가 악보에 적힌 음을 그대로 연주해도 실제로 나오는 음은 다른 음정으로 들리게 된다.
예를 들어, B♭ 트럼펫의 경우, 연주자가 악보에 기보된 '도(C)'음을 연주하면 실제로 들리는 음은 피아노에서 '시♭(B♭)'음이다. F 호른의 경우, 악보에 적힌 '도(C)'음을 연주하면 실제 들리는 음은 피아노에서 '파(F)'음이다.

# 3) 음정

 음정

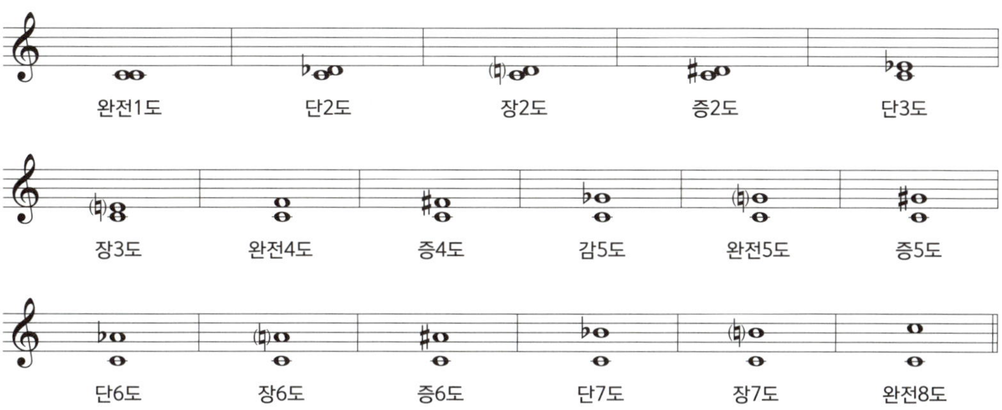



**피아노 악보를 관악기로 이조하는 방법**

관악합주의 관악기에는 B♭, E♭, F조의 세 가지 종류의 이조악기가 있다. 피아노 악보(in C)를 각각의 관악기로 이조할 때의 음정은 [예 3-3]과 같다.

 피아노(in C) 악보 이조

| 조성 | 악기명 | 음정 | 비고 |
|---|---|---|---|
| B♭ | B♭ 클라리넷<br>트럼펫 | 장2도 높임 | |
| | 테너 색소폰<br>베이스 클라리넷 | 장9도 높임<br>(장2도+옥타브) | 낮은음자리표 악보를 높은음자리표로 바꾸기 위해 옥타브 올림 |
| E♭ | E♭ 클라리넷 | 단3도 낮춤 | |
| | 알토 클라리넷<br>알토 색소폰 | 장6도 높임 | |
| | 바리톤 색소폰 | 장13도 높임<br>(장6도+옥타브) | 낮은음자리표 악보를 높은음자리표로 바꾸기 위해 옥타브 올림 |
| F | 프렌치 호른<br>잉글리시 호른<br>(목관악기) | 완전5도 높임 | |

## 4) 관악합주 이조악기표

 이조악기표

| 구분 | 악기명 | 조성 | 스코어 악보의 실음<br>(Original Sounds) | C조 악보 이조<br>(Transposition) | 비고 |
|---|---|---|---|---|---|
| 목관악기 | Piccolo | C | 1 옥타브 높음 | 1 옥타브 낮게 기보 | |
| | Flute | C | 실음 | 실음 | |
| | Oboe | C | 실음 | 실음 | |
| | English Horn | F | 완전5도 낮음 | 완전5도 높게 기보 | Hn.과 같음 |
| | Bassoon | C | 실음 | 실음 | |
| | E♭ Clarinet | E♭ | 단3도 높음 | 단3도 낮게 기보 | |
| | B♭ Clarinet | B♭ | 장2도 낮음 | 장2도 높게 기보 | |
| | Alto Clarinet | E♭ | 장6도 낮음 | 장6도 높게 기보 | A.Sax.과 같음 |
| | Bass Clarinet | B♭ | 장9도 낮음(장2도+옥타브) | 장9도 높게(장2도+옥타브) 기보 | T.Sax.과 같음 |
| | Soprano Saxophone | B♭ | 장2도 낮음 | 장2도 높게 기보 | B♭ Cla.과 같음 |
| | Alto Saxophone | E♭ | 장6도 낮음 | 장6도 높게 기보 | Alto Cla.과 같음 |
| | Baritone Saxophone | E♭ | 장6도+1 옥타브 낮음 | 장6도+1 옥타브 높게 기보 | |
| 금관악기 | Trumpet | B♭ | 장2도 낮음 | 장2도 높게 기보 | B♭ Cla.과 같음 |
| | Horn | F | 완전5도 낮음 | 완전5도 높게 기보 | |
| | Trombone | C | 실음 | 실음 | |
| | Euphonium * | C | 실음 | 실음 | |
| | Tuba ** | C | 실음 | 실음 | |
| 현악기 | String Bass | C | 1 옥타브 낮음 | 1 옥타브 높게 기보 | |
| | Bass Guitar | C | 1 옥타브 낮음 | 1 옥타브 높게 기보 | |
| | Harp | C | 실음 | 실음 | |
| 타악기 | Glockenspiel | C | 2 옥타브 높음 | 2 옥타브 낮게 기보 | |
| | Xylophone | C | 1 옥타브 높음 | 1 옥타브 낮게 기보 | |
| | Marimba | C | 실음 | 실음 | |
| | Vibraphone | C | 실음 | 실음 | |
| | Timpani | C | 실음 | 실음 | |

* Euphonium: 유포니움은 B♭조 악기이지만 B.C.(낮은음자리표)악보로 출판될 경우 일반적으로 in C로 출판되며, 연주자 스스로 장2도 높여 이조하며 연주한다. T.C.(높은음자리표)로 출판되는 경우 B♭조(실음보다 장9도 높게)로 출판된다.

** Tuba: 튜바는 일반적으로 B♭, F, C조의 악기를 사용하지만 악보는 in C로 출판되며, 연주자 스스로 자신의 악기 조에 맞게 이조하여 연주한다.

## 5) 기보음과 실제음(실음)

[예 3-5]는 기보음과 실제음을 비교한 악보이다. 기보음은 스코어(총보)에 적힌 음표, 실제음은 피아노로 연주했을 때 들리는 음이다. 이조악기의 이조는 조Key 변경뿐 아니라 옥타브를 높이거나 낮추는 경우도 포함된다. 이는 이조악기의 음역 특성으로 인해 스코어 리딩·편곡 시 반드시 고려해야 한다.

**예 3-5** 기보음과 실제음

## 6) E♭조 악기 스코어 리딩하는 방법

알토 색소폰, 알토 클라리넷, 바리톤 색소폰 등 E♭조 악기의 악보를 읽는 가장 쉬운 방법은 음자리표를 바꾸어 생각하는 방법이다.

[예 3-6]은 《고향의 봄》 노래를 E♭조 악기로 이조한 악보이다. E♭ 클라리넷의 실제음은 단3도 높은 음이다. E♭ 알토 색소폰의 실제음은 장6도 낮은 음이다. 이조 악보를 한 음 한 음 계산하려면 많은 시간과 노력이 필요하다. 지금부터는 이런 수고를 하지 말자. E♭조 악기는 높은음자리표로 기보되므로, E♭조 높은음자리표 악보를 낮은음자리표 악보라고 생각하고 스코어 리딩을 하자. 주의할 점은 실제음이 낮은음자리표 악보보다 옥타브가 높거나 낮을 수 있다는 것이다. 또한 조성과 음정의 임시표(♯, ♭, ♮)도 유의해야 한다.

**예 3-6** E♭ 조 악기 스코어 리딩

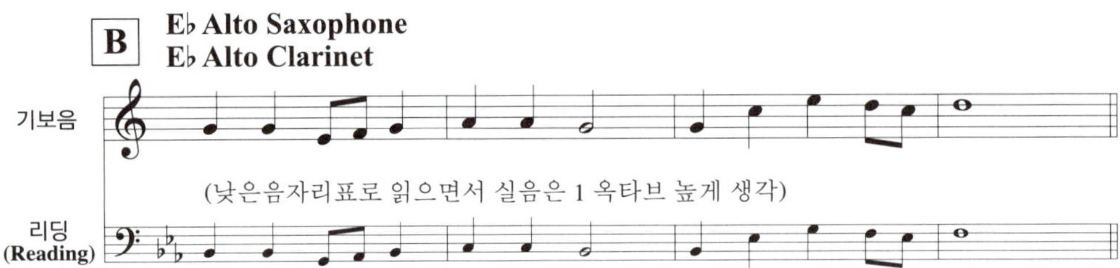

# 3-2 편곡 실습

## 1) 편곡 실습 개론

편곡을 일컬어 흔히 '제2의 창작'이라고 말한다. 이는 편곡이 단순히 원작을 사보하는 데에 그치지 않고, 원작을 새로운 관점에서 재구성하고 재해석하는 창작 행위를 수반하기 때문이다. 특히 관악 지휘자나 지도자에게 편곡은 매우 중요한 능력이다. 원작의 느낌을 유지하면서도 연주자의 구성을 고려하고, 각 악기 특성에 맞게 새로운 악기를 추가하거나 파트를 바꿔야 할 때가 많기 때문이다.

그렇지만, 관악 지휘자나 지도자가 단기간에 편곡을 배우는 것은 결코 쉬운 일이 아니다. 이번 강의에서는 편곡 실습을 통해 이조악기의 조옮김을 확실히 이해하고, 관악 작품의 편곡 및 작곡 과정을 간접적으로 체험할 수 있도록 할 것이다.

### 좋은 편곡 vs 나쁜 편곡

편곡에는 수학처럼 정해진 정답이 존재하지 않는다. 원작에 대한 다양한 해석과 창의적인 시도가 가능하므로, 편곡자마다 편곡의 결과물은 서로 다를 수밖에 없다. 그러나 편곡에도 '좋은 편곡'과 '나쁜 편곡'의 차이가 존재한다. 이는 음악적 완성도, 악기 간의 균형, 원곡에 충실하면서도 창의적인 기법 등 여러 기준에서 평가될 수 있다. 아래에서 좋은 편곡과 나쁜 편곡의 주요 차이점을 정리하였다.

### 좋은 편곡

① 악기 이해: 각 악기의 음역대와 특성을 정확히 이해하고, 연주자의 역량에 맞춰 적절하게 배치한 편곡.

② 균형 잡힌 음색: 금관, 목관, 타악기 등 각 악기의 음색이 자연스럽게 어우러지도록 하며, 각 악기가 과도하게 튀거나 묻히지 않도록 한 편곡.

③ 악기 음량과 표현력: 악기들의 음량(다이내믹) 범위를 충분히 이해하고, 그 범위 내에서 적절하게 조절하여 풍부한 표현력을 발휘하게 한 편곡.

④ 청중의 감상: 청중이 자연스럽게 음악을 따라가며 감정적으로 몰입할 수 있도록 하며, 풍부한 감상 경험을 제공하는 편곡.

## 나쁜 편곡

① 악기 이해 부족: 악기의 실제 음역을 고려하지 않고, 악기 특성에 맞지 않는 음역이나 기술을 요구하는 경우.

② 음색 불균형: 각 악기의 음색을 고려하지 않은 편곡으로, 특정 악기가 지나치게 튀거나, 반대로 묻히는 문제가 발생하는 경우.

③ 악기의 음량 오판: 악기의 음량(다이내믹) 범위를 고려하지 않고, 무리하게 큰 소리를 요구하거나 지나치게 작은 소리를 강요하는 경우.

④ 청중의 혼란: 특정 악기가 지나치게 튀거나, 반대로 잘 들리지 않아 청중이 음악의 흐름을 따라가기 어려워져 집중력이 떨어지는 편곡.

⑤ 그 밖에 편곡 입문자들이 지나치게 실험적이거나 파격적인 편곡을 시도하여 곡의 원래 의도를 벗어나거나 조화가 깨지는 경우.

좋은 편곡은 악기의 특성과 균형을 충분히 고려하여, 연주자와 청중 모두에게 만족감을 준다. 반면, 나쁜 편곡은 악기에 대한 몰이해나 불균형한 구성으로 인해 연주자에게 부담을 주고, 청중에게는 감동을 주지 못해 음악적 완성도를 떨어뜨릴 수 있다.

관악단이 청중에게 제공해야 하는 가장 중요한 가치는 예술적 감동이다. 이러한 감동은 관악 작품의 완성도부터 시작된다. 작곡가, 편곡자가 좋은 작품을 만들고, 지휘자가 이를 해석하며, 연주자가 표현하는 과정을 통해 벅찬 감동이 청중에게 전달될 수 있다. 결국, 예술적 감동의 출발점은 좋은 작품 없이는 불가능한 것이다.

## 편곡 실습

편곡 실습은 단순한 이론 학습을 넘어서 작곡가의 창작 과정과 유사한 경험을 간접적으로 체험할 수 있도록 돕는다. 이러한 실습으로 창작의 과정을 이해하며, 다양한 악기들이 어떻게 조화를 이루어 하나의 작품으로 완성되는지 실제로 학습할 수 있다.

실습곡은 유명한 관현악 작품 주페(Franz von Suppé, 1819~1895)의 《경기병 서곡Light Cavalry Overture》이다. 원곡은 [예 3-7] 악보처럼 가장조A Major이다.

**예 3-7** **주페, 《경기병 서곡》**

오케스트라에서 주요 선율을 담당하는 바이올린은 가장조A Major를 쉽게 연주할 수 있는 조성이다. 그러나 가장조를 관악기로 편곡하여 연주할 경우, [예 3-8]의 악보처럼 많은 임시표(♯)가 생겨 복잡한 운지법과 불안정한 음정이 발생한다. 따라서 다음의 접근 방식은 관악기에게는 결코 좋은 조성이 아니다.

**《경기병 서곡》 가장조(A Major) 편곡**

오케스트라 곡을 편곡할 때는 원래의 조성Key보다 반음을 높이거나 반음을 낮추는 방식으로 조정을 하는 경우가 많다. 이번 실습에서 다룰《경기병 서곡》은 원곡보다 반음 높은 내림나장조B♭ Major로 진행된다. 만약 관악부의 연주 수준이 초·중급이라면, 내림나장조에서 트럼펫의 높은 음역대를 연주하는 데 어려움을 겪을 수도 있다. 이럴 때는 오케스트라 조성을 반음 낮추어 내림가장조 A♭ Major로 연주하는 것이 더 나은 선택이 될 수 있다.



**《경기병 서곡》 A, B♭, A♭ 장조 비교**

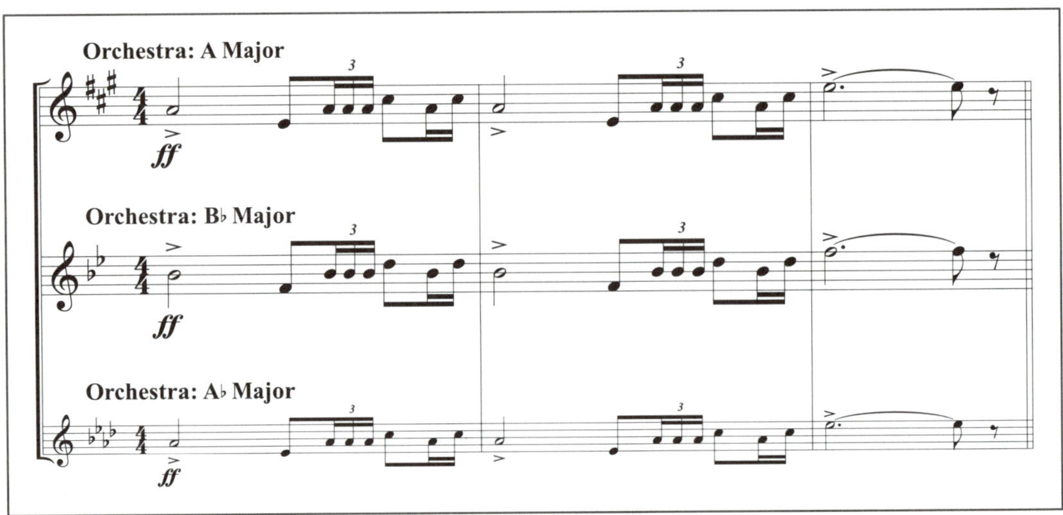

## 2) 금관 5중주 편곡 실습

다음 [예 3-10]은 피아노 악보를 금관 5중주로 편곡하는 실습 과제이다. 피아노 성부에 표기된 대로 각 파트를 편곡하고, 특히 임시표에 유의한다.

**예 3-10** 금관 5중주 편곡

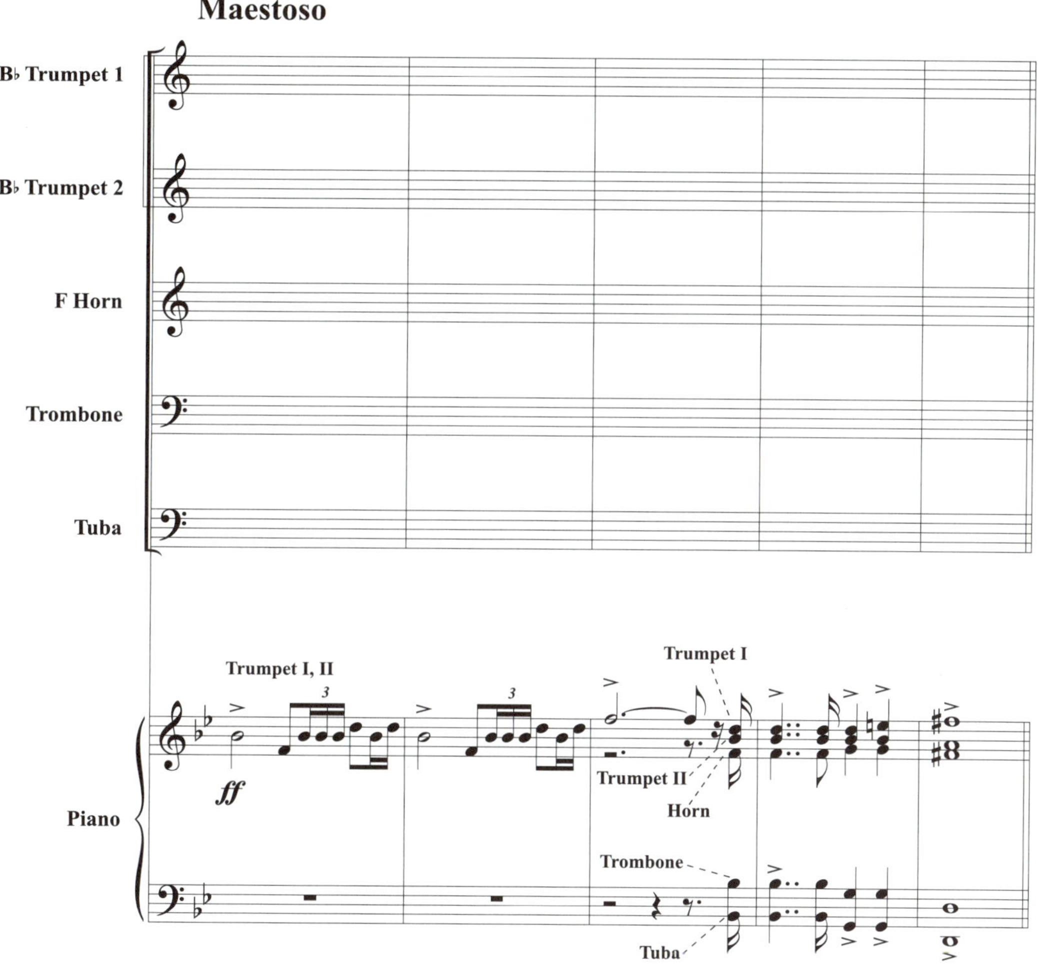

# 3) 클라리넷 앙상블 편곡 실습

다음 [예 3-11] 악보는 클라리넷 5중주의 편곡 실습 과제이다. 관악단 정규 편성은 E♭ 클라리넷, B♭ 클라리넷 I, II, III, 알토 클라리넷, 베이스 클라리넷으로 이루어진다. 이번 편곡은 E♭ 클라리넷, B♭ 클라리넷 I, II, 알토 클라리넷, 베이스 클라리넷 총 5부로 실습한다.

첫 번째와 두 번째 마디의 팡파르Fanfare는 음량이 풍부한 B♭ 클라리넷으로 편곡하고, 세 번째 마디 총주Tutti에서는 고음을 담당하는 E♭ 클라리넷을 사용하라. 낮은음자리표의 테너와 베이스 음역은 각각 알토 클라리넷과 베이스 클라리넷으로 편곡하며, 모든 클라리넷은 높은음자리표를 사용해야 한다.

예 3-11 클라리넷 앙상블 편곡

## 4) 색소폰 앙상블 편곡 실습

다음 [예 3-12] 악보는 색소폰 앙상블의 편곡 실습 과제이다. 관악 합주의 색소폰 정규 편성은 2대의 알토 색소폰, 테너 색소폰, 바리톤 색소폰까지 총 4대의 악기로 구성된다. 이번 실습에서는 색소폰 섹션 전반의 이해를 돕기 위해 고음을 담당하는 Bb 소프라노 색소폰을 추가하였다. 모든 색소폰은 클라리넷과 마찬가지로 높은음자리표로 기보한다.

**예 3-12** 색소폰 앙상블 편곡

## 5) 목관 5중주 편곡 실습

다음 [예 3-13] 악보는 목관 5중주의 편곡 실습 과제이다. 목관 5중주는 플루트, 오보에, 클라리넷, 바순 및 금관악기 호른으로 구성된다. 호른이 목관 5중주에 포함된 이유는 음색의 조화, 음역의 확장 측면에서 음악적으로 필요했기 때문이다.

**예 3-13** 목관 5중주 편곡

## 6) 편곡 실습과 응용

《경기병 서곡》 편곡 실습으로 관악기의 이조악기 개념을 정리하고, 관악 스코어에서 이조악기를 더 쉽게 읽을 수 있게 되었다. 이제《경기병 서곡》의 도입부에 나오는 팡파르를 다시 살펴보자.

**예 3-14** 《경기병 서곡》A장조

전문 편곡자는 오프닝 팡파르 도입부 3마디를 금관 5중주로 편곡할 때, 다음 세 가지 방법 중 하나를 선택할 수 있다.

첫째, [예 3-15]의 A처럼 원곡에 충실하여 트럼펫 1번과 2번 연주자가 함께 연주하는 방식

**예 3-15** 트럼펫 유니즌

둘째, [예 3-16]의 B 처럼 팡파르를 솔로로 연주할 수 있도록 트럼펫 1번만 연주하는 방식

**예 3-16** 트럼펫 솔로

셋째, [예 3-17]의 C 처럼 다이내믹한 오프닝 팡파르를 위해 트럼펫 1번과 트롬본이 옥타브로 중복하여 연주하는 방식

**예 3-17** 트럼펫, 트롬본 옥타브 중복

이 세 가지 편곡 방식은 각기 다른 음악적 효과를 제공한다. 첫 번째 방식은 원곡에 충실한 편곡을 통해 안정감 있고 균형 잡힌 소리를 강조한다. 두 번째 방식은 솔로 트럼펫을 사용하여 연주자의 개성을 강조하며, 보다 선명한 음색을 만들어낸다. 세 번째 방식은 트럼펫과 트롬본의 옥타브 중복을 활용해 다이내믹하고 강렬한 팡파르를 연출한다. 이처럼 편곡자는 연주 상황과 음악적 의도에 맞는 편곡 방식을 선택할 수 있는 역량을 길러야 한다.

## 편곡 실습과 지휘

지휘자가 [예 3-17]의 악보를 지휘한다고 가정해 보자. 지휘자는 팡파르가 역동적으로 연주되도록 하는 편곡자의 의도를 이해하는 것이 중요하다. 지휘자는 연습 과정에서 트럼펫과 트롬본 연주자에게 정확한 음정과 리듬, 밸런스를 맞추도록 지도해야 한다. 특히, 트럼펫과 트롬본이 옥타브 유니즌으로 연주될 경우, 원곡의 트럼펫 솔로보다 더욱 강렬하고 웅장한 팡파르를 청중에게 효과적으로 전달할 수 있다.

편곡은 원작에 대한 깊은 이해를 필요로 한다. 지휘자는 원곡과 편곡을 비교 분석하며, 작곡자가 의도한 음악적 메시지와 편곡자가 구현하려는 새로운 표현 사이의 균형을 고려해야 한다. 편곡 실습은 지휘자가 작곡을 간접적으로 체험할 수 있는 효과적인 방법이다. 이 과정에서 지휘자는 곡을 더욱 깊이 해석하며, 연주자와 청중에게 음악을 설득력 있게 전달할 수 있도록 한다.

## 초·중급용 금관 5중주 편곡

[예 3-15]의 악보를 초·중급 수준으로 편곡할 때 예상되는 문제점은 두 가지이다. 첫째, 트럼펫의 세 번째 마디에 있는 고음 솔(G)이 초·중급 연주자에게는 다소 높게 느껴질 수 있다. 둘째, 첫 번째 마디에 등장하는 3연음 ♩, 즉 트리플 리듬Triple Rhythm이 연주하기에 어려울 수 있다. [예 3-18]의 악보는 초·중급 금관 5중주단을 위한 편곡이다. 고음 연주에 어려움을 겪는 트럼펫 연주자를 위해 조성을 A♭ Major로 변경하여 한음(장2도)을 낮추었고, 트럼펫의 리듬도 단순화하여 연주가 보다 쉽도록 편곡하였다.

## 7) 타악기 편곡 개론

### 말렛 퍼커션의 옥타브 이조

말렛 퍼커션 악기 중 글로켄슈필과 실로폰은 기보된 음과 실제 소리가 나는 음이 다르다. 글로켄슈필의 경우 기보음보다 두 옥타브 위, 실로폰의 경우 한 옥타브 위의 소리가 난다. 이와 같이, 말렛 퍼커션에서 옥타브 이조Octave Transposition는 이조악기Transposing Instruments처럼 조를 바꾸지는 않지만 음의 위치를 옥타브 단위로 변환하여 더 높은 음역에서 악기가 연주되도록 하며, 이는 넓은 의미의 이조로 볼 수 있다.

**타악기의 주요 특징**

- **글로켄슈필(Glockenspiel)**: 높은 음역에서 맑고 선명한 소리를 내기 때문에 멜로디의 강조나 팡파르 스타일의 짧고 강렬한 부분을 담당(이조악기)
- **실로폰(Xylophone)**: 빠르고 경쾌한 리듬을 연주하며, 주로 고음역 담당(이조악기)
- **비브라폰(Vibraphone)**: 지속음이 가능하고, 따뜻한 톤을 제공하며, 화음이나 서정적인 멜로디에 적합
- **마림바(Marimba)**: 넓은 음역과 풍부한 음색을 갖고 있으며, 특히 저음역에서 화성적 역할을 하거나, 베이스 라인을 보강하는데 활용
- **스네어 드럼(Snare Drum)**: 곡의 리듬 진행을 주도하며, 긴장감 있는 드럼 롤과 박자를 명확히 강조하는 역할
- **베이스 드럼(Bass Drum)**: 저음역을 보강하며, 타악기 섹션의 베이스 리듬과 다이내믹을 강화
- **심벌즈(Cymbals)**: 클라이맥스에서 강렬한 악센트를 제공하여 극적인 효과 극대화

## 8) 타악기 앙상블 편곡 실습

[예 3-19]의 타악기 앙상블 편곡은 말렛 퍼커션과 스네어 드럼, 베이스 드럼, 심벌즈, 팀파니를 활용하여 편성하였다. 타악기 앙상블을 편곡할 때 말렛 퍼커션의 음역을 정확히 파악하고, 각 타악기의 연주법과 기보 방법을 철저히 준수하는 게 중요하다. 특히, 말렛 퍼커션의 음역과 음색을 고려하여 악기를 선택해야 하며, 타악기 리듬을 멜로디와 어떻게 조화시킬지를 세심하게 고민해야 한다.

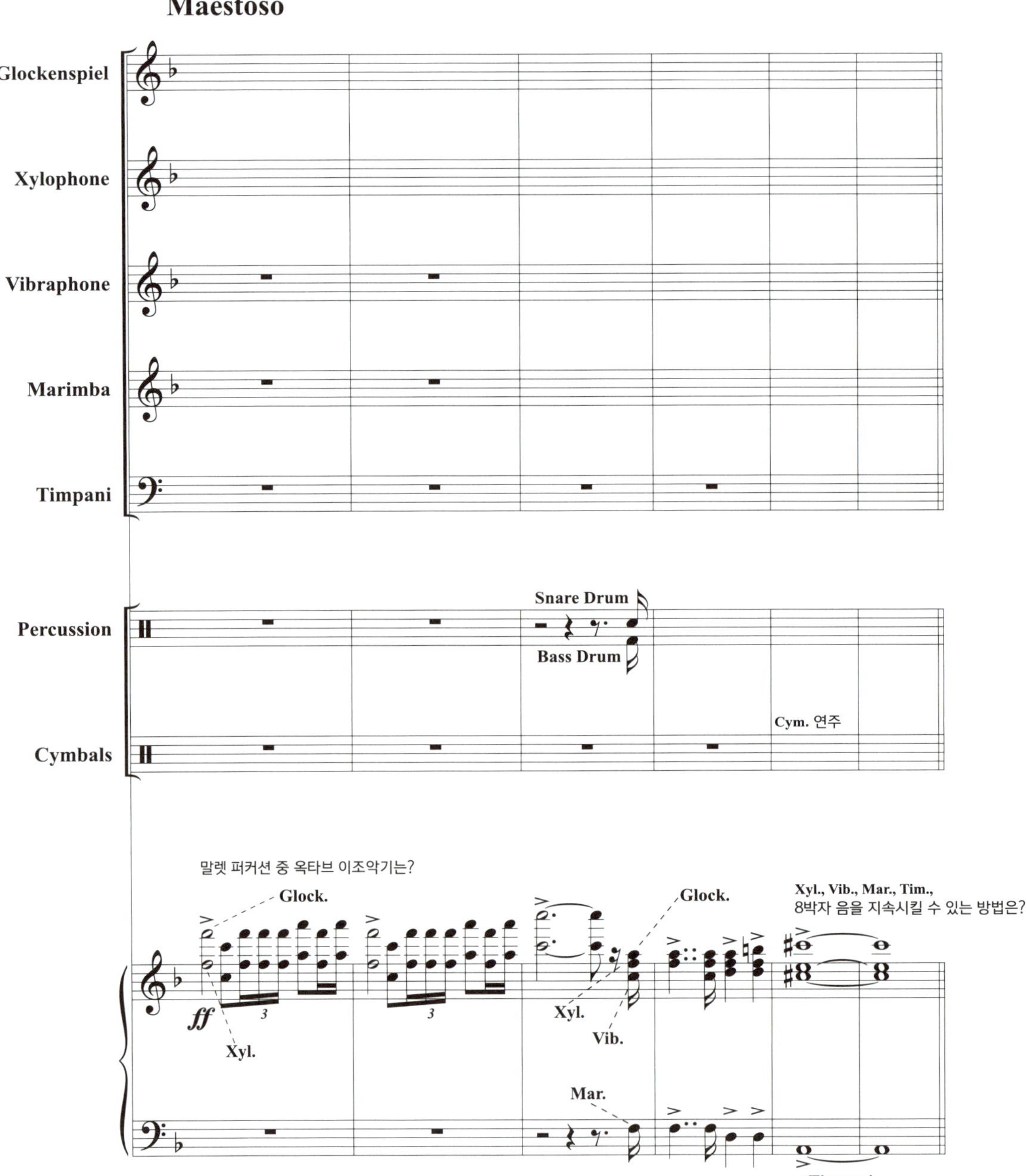
Maestoso
Glockenspiel
Xylophone
Vibraphone
Marimba
Timpani
Percussion
Snare Drum
Bass Drum
Cymbals
Cym. 연주
말렛 퍼커션 중 옥타브 이조악기는?
Glock.
Glock.
Xyl.
Xyl.
Vib.
Mar.
Xyl., Vib., Mar., Tim.,
8박자 음을 지속시킬 수 있는 방법은?
ff
+Timpani

## 9) '경기병 서곡' 편곡 스코어 예시

각 앙상블에 제시된 《경기병 서곡》 편곡 예시는 실험적이거나 독창적인 기법보다는 음악적 원칙을 충실히 따르는 방식으로 이루어졌다. 제시된 편곡과 본인이 실습한 편곡을 비교하여 이조와 기보법이 정확한지, 각 악기의 특성이 충분히 반영되었는지 확인하기 바란다. 이렇듯 한 파트에만 집중하지 않고 앙상블 전체의 사운드를 고려한 편곡을 실습하면 지휘자가 작곡가(편곡자)의 창작 과정을 간접적으로 경험할 수 있다. 이번 편곡 실습을 통해 여러분이 작곡가의 시각으로 음악을 바라보는 새로운 관점을 얻기를 기대한다.

**예 3-20** 금관 5중주 편곡 예시

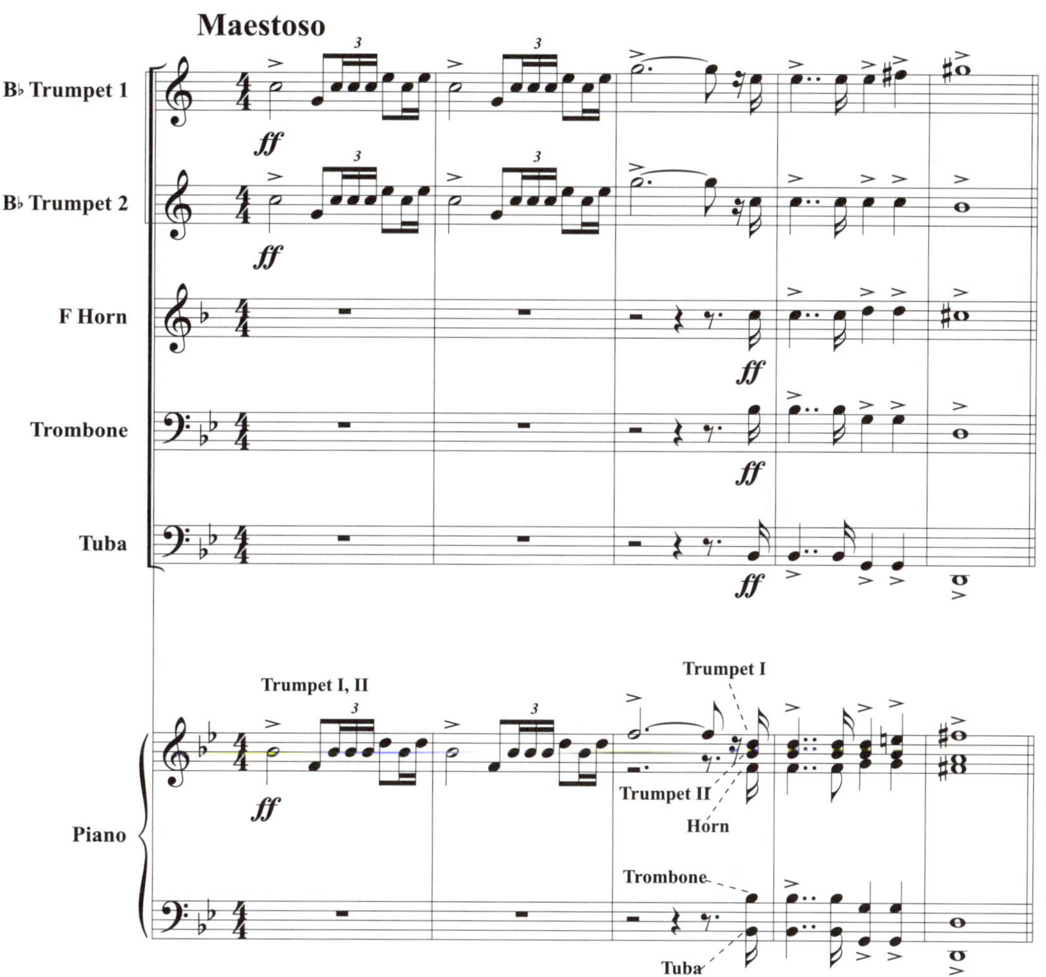

클라리넷 앙상블 편곡은 원곡 트럼펫 솔로의 강렬함을 유지하는 데 중점을 두었다. B♭ 트럼펫 솔로를 B♭ 클라리넷으로 설정한 이유는 두 악기가 동일한 조성을 가지고 있어 음역과 음색의 자연스러운 전환이 가능하며, 멜로디 연주에도 가장 적합하기 때문이다. 또한, 넓은 음역을 활용하여 클라리넷 앙상블 특유의 따뜻하고 풍부한 사운드를 더했다.

색소폰 앙상블 편곡 예시

　총보Score에서 '옵션Option'은 지휘자나 연주자가 곡을 해석하고 연주할 때 선택할 수 있는 다양한 요소를 의미한다. 여기에는 연주 방식의 선택, 작곡자(편곡자)가 제시한 대체 음이나 연주법, 특정 악기의 추가 또는 생략 등이 포함된다.

　E♭ Alto Saxophone II는 옵션 파트로 편곡되었으며, 곡의 음악적 필요와 연주 환경에 따라 유연하게 조정할 수 있다. 소규모 공연에서는 제2 알토 색소폰을 생략할 수 있고, 정규 공연에서는 포함하여 연주하는 방식으로 활용된다.

목관 5중주 실습에서는 각 악기의 특성과 음역, 음색을 신중히 고려하여 배치하는 것이 중요하다. 경기병 서곡의 트럼펫 솔로를 목관 5중주로 편곡할 경우, 솔로 파트를 오보에로 설정하는 이유는 다음과 같다.

1. 음역의 유사성: 트럼펫과 오보에는 비슷한 음역대를 가지며, 선율 표현에 적합하다.

2. 음색의 매칭: 트럼펫의 밝고 직선적인 음색을 오보에가 효과적으로 재현할 수 있다.

3. 앙상블 균형: 오보에는 목관 5중주에서 중심 역할을 하며, 선율을 돋보이게 한다.

해설1, 글로켄슈필은 악보는 실음보다 2 옥타브 낮게 기보되며, 마지막 도#(C#)음은 한 번 연주한 후 여운이 사라질 때까지 음을 지속한다.

해설2, 실로폰은 실음보다 1 옥타브 낮게 기보되며, 마지막 음은 롤(Roll)을 사용하여 8박자를 연주한다.

해설3, 팀파니의 음 지속 표기법은 '트릴'과 '롤' 중 하나를 선택해 기보한다.

해설4, 베이스 드럼은 첫 음만 연주한다. 이는 팀파니의 라(A) 음과 중복을 피하기 위한 것이다.

해설5, 심벌즈는 X기호로 기보되며, 뮤트 없이 잔향이 지속되도록(⌢) 표기된다.

## 10) 악보 사보 소프트웨어

🎵 **피날레(Finale):** 미국의 메이크뮤직MakeMusic에서 개발한 사보 소프트웨어로, 1988년에 처음 출시되었다. 피날레는 매우 다양한 악보 편집 기능을 제공하며, 복잡한 악보 작성과 전문적인 음악 출판에 널리 사용된다. 특히 음악 교육자, 작곡가, 편곡가, 음악 출판사가 애용하는 프로그램이다. 피날레는 다양한 스코어 템플릿을 제공하며, Finale v27이 마지막 버전이다.

*메이크뮤직은 2024년 8월 26일 피날레(Finale)의 판매 및 개발 종료를 발표했다. 기존 사용자들은 2025년 8월 25일 이후에도 새로운 기기에서 설치와 인증을 받을 수 있다. 다만, 운영 체제 변경에 따른 호환성 문제에 유의할 필요가 있다.

🎵 **시벨리우스(Sibelius):** 1993년 영국에서 개발되었으며, 2006년 아비드Avid 테크놀로지에 인수되었다. 시벨리우스는 직관적이고 쉽게 악보를 작성할 수 있는 인터페이스와 강력한 출판 기능이 특징이며, 전문가와 학생 모두가 사용할 수 있을 만한 기능을 두루 갖추고 있다. 작곡가, 교육자, 편곡자가 선호하며 교육 및 출판분야에서 광범위하게 사용된다.

입문용 무료 버전 'Sibelius First', 일반적인 사용자를 위한 중급 버전 'Sibelius', 전문가를 위한 'Sibelius Ultimate' 세 가지 버전과 아이패드용 'Sibelius for iPad'가 출시되어 있다.

🎵 **도리코(Dorico):** '도리코'는 시벨리우스 개발자들이 독일의 스타인버그Steinberg로 이직한 후, 2016년에 개발한 사보 소프트웨어이다. 이 소프트웨어는 직관적인 작업 환경과 고급 기능, 특히 다중 성부(보이스) 악보 작업 및 대규모 프로젝트에 유용한 타임라인 기능을 제공한다.

무료 버전 'Dorico SE', 아마추어 음악가나 학생들에게 필요한 기능을 제공하는 'Dorico Elements', 전문 작곡가와 편곡자를 위한 고급 기능을 갖춘 'Dorico Pro' 세 가지 버전이 있다. 또한, 아이패드 사용자를 위한 'Dorico for iPad' 버전도 출시되어 있다.

🎵 **뮤즈스코어(MuseScore):** '뮤즈스코어'는 2002년에 베르너 슈베어가 처음 개발한 무료 사보 소프트웨어이다. 이용이 쉽고 다양한 기능을 갖추고 있어, 초보자부터 전문가까지 폭넓게 사용하고 있다. 뮤즈스코어에 대한 전세계적인 커뮤니티가 형성되어 있으며, 꾸준한 업데이트를 통해 악보 작성 및 편집에서 강력한 성능을 발휘한다.

**무료 소프트웨어 다운로드** https://musescore.org 

# IV

## 21세기
## 관악 레퍼토리

# IV. 21세기 관악 레퍼토리

## 4-1 위대한 관악 작품 15

| | | |
|---|---|---|
| **1781** | Wolfgang Amadeus Mozart | *Serenade No. 10 "Gran Partita" K. 361/370a* |
| **1840** | Hector Berlioz | *Grande Symphonie funèbre et triomphale, Op. 15* |
| **1878** | Antonín Dvořák | *Serenade for Wind Instruments, Op. 44* |
| **1881** | Richard Strauss | *Serenade in E-flat Major, Op. 7* |
| **1911** | Gustav Holst | *Second Suite in F for Military Band, Op. 28, No. 2* |
| **1920** | Igor Stravinsky | *Symphonies of Wind Instruments* |
| **1937** | Percy Grainger | *Lincolnshire Posy* |
| **1943** | Arnold Schoenberg | *Theme and Variations, Op. 43a* |
| **1944** | Darius Milhaud | *Suite française, Op. 248* |
| **1949** | Herbert Owen Reed | *La Fiesta Mexicana* |
| **1951** | Paul Hindemith | *Symphony in B-flat for Concert Band* |
| **1954** | Howard Hanson | *Chorale and Alleluia* |
| **1956** | Vincent Persichetti | *Symphony No. 6, Op. 69* |
| **1964** | Olivier Messiaen | *Et Exspecto Resurrectionem Mortuorum* |
| **1968** | Karel Husa | *Music for Prague 1968* |

# 4-2 관악 명곡 100

| | |
|---|---|
| Aaron Copland | *Emblems (1964)* |
| Aaron Copland | *Fanfare for the Common Man (1944)* |
| Alban Berg | *Kammerkonzert for Violin, Piano and 13 Winds (1925)* |
| Alfred Reed | *Armenian Dances, Part I (1972)* |
| Alfred Reed | *Russian Christmas Music (1944)* |
| Alfred Reed | *El Camino Real (1985)* |
| Alfred Reed | *Symphony No. 3 (1988)* |
| André Waignein | *Alternances (1982)* |
| Camille Saint-Saëns | *Orient et Occident, Op. 25 (1869)* |
| Chang Su Koh | *Carnival Day (1996)* |
| Chang Su Koh | *Korean Dances (2002)* |
| Claude T. Smith | *Symphony No. 1 for Band (1977)* |
| Clifton Williams | *Symphonic Dance No. 3 "Fiesta" (1967)* |
| Clifton Williams | *Festival (1962)* |
| Clifton Williams | *Fanfare and Allegro (1955)* |
| Dana Wilson | *Peace of Mind (1987)* |
| Dana Wilson | *Speak to Me (2010)* |
| David Maslanka | *Symphony No. 4 (1993)* |
| Edward Gregson | *Celebration (1991)* |
| Edward Gregson | *The Sword and the Crown (1989)* |
| Elliot del Borgo | *Do Not Go Gentle into That Good Night (1978)* |
| Eugène Bozza | *Children's Overture (1964)* |
| Felix Mendelssohn | *Overture for Winds, Op. 24 (1826)* |
| Francis McBeth | *Masque (1968)* |
| Frank Erickson | *Air for Band (1956)* |

| Frank Erickson | *Toccata for Band (1957)* |
| Frank Ticheli | *Amazing Grace (1994)* |
| Frank Ticheli | *Symphony No. 2 (2004)* |
| Gioachino Rossini | *Scherzo (1863?)* |
| Gordon Jacob | *An Original Suite (1928)* |
| Gordon Jacob | *William Byrd Suite (1923)* |
| Gordon Jacob | *Music for a Festival (1951)* |
| Gunther Schuller | *Symphony for Brass and Percussion (1950)* |
| Gustav Holst | *First Suite in E-flat, Op. 28, No. 1 (1909)* |
| Gustav Holst | *Hammersmith: Prelude and Scherzo, Op. 52 (1930)* |
| Howard Hanson | *Chorale and Alleluia (1954)* |
| Ida Gotkovsky | *Brillante Symphonie (1989)* |
| Igor Stravinsky | *Concerto for Piano and Wind Instruments (1924)* |
| Igor Stravinsky | *Symphonies of Wind Instruments (1920/Rev. 1947)* |
| Igor Stravinsky | *Circus Polka (for a Young Elephant) (1942)* |
| Igor Stravinsky | *Ebony Concerto (1945)* |
| Jacob de Haan | *Ross Roy, Overture for Band (1997)* |
| James Barnes | *Third Symphony, Op. 89 (1994)* |
| Jan Van der Roost | *Suite Provençale (1992)* |
| Jan Van der Roost | *Sinfonia Hungarica (2001)* |
| Johan de Meij | *Symphony No. 1 "The Lord of the Rings" (1987)* |
| Johan de Meij | *Cello Concerto "Casanova" (1999)* |
| John Barnes Chance | *Symphony No. 2 (1972)* |
| John Barnes Chance | *Incantation and Dance (1960)* |
| John Barnes Chance | *Variations on a Korean Folk Song (1966)* |

| John Barnes Chance | *Elegy (1972)* |
| John Philip Sousa | *Stars and Stripes Forever (1896)* |
| John Philip Sousa | *The Washington Post (1889)* |
| Julius Fučík | *The Florentiner March (1907)* |
| Karel Husa | *Apotheosis of This Earth (1971)* |
| Karel Husa | *Concerto for Wind Ensemble (1982)* |
| Krzysztof Penderecki | *Pittsburgh Overture (1968)* |
| Malcolm Arnold | *Four Scottish Dances, Op.59 (1957)* |
| Marc Jeanbourquin | *The Three Towers (2015)* |
| Michele Mangani | *Concerto per Clarinetto (2018)* |
| Morton Gould | *Derivations (1956)* |
| Morton Gould | *West Point Symphony (1952)* |
| Norman Dello Joio | *Fantasies on a Theme by Haydn (1968)* |
| Oscar Navarro | *Libertadores (2010)* |
| Paul Creston | *Celebration Overture (1955)* |
| Paul Hindemith | *Symphony in B-flat (1951)* |
| Paul Hindemith | *March from Symphonic Metamorphosis (1950)* |
| Percy Grainger | *Irish Tune from County Derry (1918)* |
| Percy Grainger | *Lincolnshire Posy (1937)* |
| Percy Grainger | *Molly on the Shore (1921)* |
| Percy Grainger | *Shepherd's Hey (1918)* |
| Peter Graham | *Harrison's Dream (2001)* |
| Philip Sparke | *Symphony No. 3 "A Colour Symphony" (2014)* |
| Philip Sparke | *Music for a Festival (1985)* |
| Philip Sparke | *Dance Movements (1996)* |
| Ralph Vaughan Williams | *English Folk Song Suite (1923)* |

| Ralph Vaughan Williams | *Toccata Marziale (1924)* |
| Ralph Vaughan Williams | *Sea Songs (1924)* |
| Richard Strauss | *Festmusik der Stadt Wien (1943)* |
| Robert Jager | *Third Suite (1966)* |
| Robert Jager | *Variations on a Theme of Robert Schumann (1969)* |
| Robert Russell Bennett | *Symphonic Songs for Band (1957)* |
| Robert William Smith | *The Divine Comedy (1995)* |
| Robert William Smith | *Symphony No. 3 "Don Quixote" (2008)* |
| Roger Nixon | *Fiesta del Pacifico (1960)* |
| Ron Nelson | *Rocky Point Holiday (1966)* |
| Ron Nelson | *Passacaglia (1992)* |
| Samuel Barber | *Commando March (1943)* |
| Serge Lancen | *Symphonie Joyeuse (1993)* |
| Sergei Prokofiev | *March in B-flat Major, Op. 99 (1944)* |
| Václav Nelhýbel | *Trittico (1964)* |
| Vincent Persichetti | *Psalm for Band, Op. 53 (1953)* |
| Vincent Persichetti | *Symphony No. 6, Op. 69 (1956)* |
| Vittorio Giannini | *Symphony No. 3 (1958)* |
| W. Francis McBeth | *Of Sailors and Whales (1991)* |
| Walter Piston | *Tunbridge Fair (1950)* |
| Warren Benson | *Concertino for Alto Saxophone and Band (1954)* |
| Warren Benson | *Symphony No. 2 "Lost Songs" (1983)* |
| William Schuman | *George Washington Bridge (1950)* |
| Yasuhide Ito | *Gloriosa (1990)* |

# 4-3 챔버 윈드 앙상블 작품 50

| | |
|---|---|
| Alban Berg | *Kammerkonzert for Violin, Piano and 13 Winds (1925)* |
| Aaron Copland | *Fanfare for the Common Man (1943)* |
| Alfred Reed | *Double Wind Quintet (1975)* |
| Antonín Dvořák | *Serenade in D minor, Op. 44 (1878)* |
| Antonín Dvořák | *Slavonic Dance Op. 46, No. 2 (1878)* |
| Carl Maria von Weber | *Thema con Variazioni, Op. 33 (1811)* |
| Carl Maria von Weber | *Adagio and Rondo, Op. 39 (1811)* |
| Carl Maria von Weber | *Der Freischütz, Op. 77 (1817-1821)* |
| Charles Gounod | *Petite symphonie (1885)* |
| Darius Milhaud | *Little Symphony No. 5 (1922)* |
| Felix Mendelssohn | *Nocturno in C, Op. 24 (1826)* |
| Franz Joseph Haydn | *Octet in F (1802)* |
| Gaetano Donizetti | *Sinfonia for Winds (1817)* |
| Gioachino Rossini | *Overture to the Barber of Seville (1816)* |
| Giovanni Gabrieli | *Sonata pian' e forte (1597)* |
| Gordon Jacob | *Old Wine in New Bottles (1959)* |
| Gunther Schuller | *Double Quintet (1961)* |
| Gustav Mahler | *Um Mitternacht, Op. 44 (1901)* |
| Igor Stravinsky | *L'Histoire du Soldat (1918)* |
| Igor Stravinsky | *Ragtime (1918)* |
| Igor Stravinsky | *Octet for Wind Instruments (1923)* |
| Igor Stravinsky | *Fanfare for a New Theatre (1964)* |
| Igor Stravinsky | *Concertino for 12 Instruments (1920)* |
| Igor Stravinsky | *Eight Instrumental Miniatures (1962)* |
| Jacques Ibert | *Concerto for Cello and Winds (1925)* |

Joachim Raff | *Sinfonietta für 10 Bläser, Op. 188 (1873)*

Kurt Weill | *The Threepenny Opera Suite (1928)*

Leonard Bernstein | *Prelude, Fugue and Riffs (1945)*

Ludwig van Beethoven | *March No. 1 in F (1809)*

Ludwig van Beethoven | *March No. 2 in F (1810)*

Olivier Messiaen | *Couleurs de la Cité Céleste (1963)*

Olivier Messiaen | *Et Exspecto Resurrectionem Mortuorum (1964)*

Paul Dukas | *Fanfare pour précéder "La Péri" (1912)*

Paul Hindemith | *Geschwindmarsch from Symphonia Serena (1946)*

Percy Grainger | *Ye Banks and Braes O' Bonnie Doon (1936)*

Ralph Vaughan Williams | *Scherzo Alla Marcia, from Symphony No. 8 (1956)*

Richard Strauss | *Serenade in E-flat, Op. 7 (1882)*

Richard Strauss | *Suite in B-flat, Op. 4 (1884)*

Richard Strauss | *Fanfare from "Festmusik der Stadt Wien" (1943)*

Richard Strauss | *Vienna Philharmonic Fanfare (1924)*

Vincent Persichetti | *Serenade (for winds) No. 11, Op. 85 (1950)*

Walter Hartley | *Concerto for 23 Winds (1957)*

William Walton | *Façade (1947)*

Wolfgang Amadeus Mozart | *Divertimento in B-flat, K. 186/159b (1773)*

Wolfgang Amadeus Mozart | *Serenade No. 11 in E-flat, K. 375 (1781 or 1782)*

Wolfgang Amadeus Mozart | *Serenade No. 12 in C minor, K. 388 (1782 or 1783)*

Wolfgang Amadeus Mozart | *The Magic Flute K. 620 (1791)*

Wolfgang Amadeus Mozart | *The Marriage of Figaro K. 492 (1786)*

Wolfgang Amadeus Mozart | *Don Giovanni K. 527 (1787)*

Isang Yun | *Bläseroktett (1994)*

# 4-4 관현악곡 편곡 작품 50

| | |
|---|---|
| Aaron Copland | *El Salón México* |
| Aaron Copland | *An Outdoor Overture* |
| Aaron Copland | *Preamble for a Solemn Occasion* |
| Aaron Copland | *Music for the Theatre* |
| Antonín Dvořák | *Carnival Overture, Op. 92* |
| Antonín Dvořák | *Symphony No. 9 in E minor, Op. 95, "From the New World"* |
| Carl Maria von Weber | *Oberon Overture* |
| Carl Orff | *Carmina Burana* |
| Charles Ives | *Country Band March* |
| Charles Ives | *Variations on "America" (trans. W. Schuman)* |
| Dmitri Kabalevsky | *Comedian's Gallop* |
| Dmitri Shostakovich | *Festive Overture* |
| Dmitri Shostakovich | *Galop from "Moscow, Cheryomushki"* |
| Felix Mendelssohn | *The Hebrides Overture (Fingal's Cave)* |
| Ferde Grofé | *Mississippi Suite, "A Journey in Tones"* |
| George Frideric Handel | *Music for the Royal Fireworks* |
| George Gershwin | *Cuban Overture* |
| George Gershwin | *Rhapsody in Blue (trans. D. Hunsberger or T. Takahashi)* |
| Gioachino Rossini | *William Tell Overture* |
| Gioachino Rossini | *L'italiana in Algeri Overture* |
| Gustav Holst | *A Moorside Suite* |
| Gustav Holst | *The Planets* |
| Hector Berlioz | *Le Corsaire, Op. 21 Overture* |
| Igor Stravinsky | *Fireworks* |
| Igor Stravinsky | *The Firebird Suite* |

| Jean Sibelius | *Finlandia* |
| Johann Sebastian Bach | *Fantasia in G Major* |
| Johann Sebastian Bach | *Toccata and Fugue in D minor (trans. D. Hunsberger)* |
| Johannes Brahms | *Academic Festival Overture* |
| John Adams | *Short Ride in a Fast Machine* |
| John Williams | *Star Wars Trilogy (arr. D. Hunsberger)* |
| Leonard Bernstein | *Overture to "Candide" (trans. C. Grundman)* |
| Leonard Bernstein | *Symphonic Dances from "West Side Story"* |
| Leonard Bernstein | *Slava! A Political Overture* |
| Malcolm Arnold | *Four Scottish Dances* |
| Maurice Ravel | *Boléro* |
| Modest Mussorgsky | *Night on Bald Mountain (trans. W. Schaefer)* |
| Modest Mussorgsky | *Pictures at an Exhibition (trans. E. Leidzén or T. Takahashi)* |
| Niccolò Paganini | *Fantasy Variations on a Theme by Niccolo Paganini (trans J. Barnes)* |
| Nikolai Rimsky-Korsakov | *Scheherazade* |
| Nikolai Rimsky-Korsakov | *Procession of the Nobles from "Mlada"* |
| Ottorino Respighi | *The Pines of Rome (trans. Yoshihiro Kimura)* |
| Paul Hindemith | *Symphonic Metamorphosis on Themes by Carl Maria von Weber* |
| Pyotr Ilyich Tchaikovsky | *1812 Overture* |
| Pyotr Ilyich Tchaikovsky | *Suite No. 3 in G Major, Op. 55* |
| Richard Wagner | *Elsa's Procession to the Cathedral from "Lohengrin"* |
| Richard Wagner | *Prelude to Act III from "Lohengrin"* |
| Richard Wagner | *Tannhäuser Overture* |
| Samuel Barber | *Symphony No. 1, Op. 9* |
| William Walton | *Crown Imperial* |

## 플루트 Flute

**Wolfgang Amadeus Mozart: *Flute Concerto No. 1 in G Major K. 313(1778)***

고전주의 플루트 협주곡을 대표하는 작품으로, 맑고 경쾌한 플루트 음색과 밝고 활기찬 선율이 돋보인다. 플루트의 기교와 서정성을 모두 보여주는 중요한 레퍼토리이다.

**Carl Reinecke: *Flute Concerto in D Major Op. 283(1908)***

낭만주의 말기의 서정성과 우아함이 두드러지며, 플루트의 유려한 선율과 섬세한 감정 표현이 강조된 작품이다. 전통적인 낭만주의 양식과 플루트의 매력적인 음색이 조화를 이룬다. 유려한 플루트 독주와 독립적인 오케스트라 파트가 인상적이다.

**Carl Nielsen: *Flute Concerto(1926)***

현대적인 음향과 독창적인 구조가 특징으로, 플루트와 오케스트라 간의 상호작용이 강조된 작품이다. 대담하고 실험적인 표현이 돋보이며, 연주자에게 높은 수준의 해석력과 연주 기량을 요구한다. 신고전주의 작품이지만 2악장으로 구성되어 있다.

**Jacques Ibert: *Flute Concerto(1934)***

인상주의적 색채와 화려한 기교가 돋보이며, 플루트 협주곡에서 중요한 위치를 차지하는 작품이다. 이베르의 협주곡은 밀도 높은 질감과 주제, 화성적 복잡성을 갖추고 있으며, 연주자에게 고도의 기교가 필수적이다.

## 클라리넷 Clarinet

**Wolfgang Amadeus Mozart: *Clarinet Concerto in A Major K. 622(1791)***

고전주의 클라리넷 협주곡의 정석으로, 서정성과 균형미가 돋보이는 작품이다. 원래 바셋 호른을 위해 작곡되었으며, '아다지오(Adagio)'는 숭고한 아름다움과 평온함을 담고 있다. 모차르트가 생전에 완성한 마지막 작품으로, 1791년 10월 16일에 초연되었다.

### Carl Maria von Weber: *Clarinet Concerto No. 1 in F minor Op. 73(1811)*

낭만주의 초기의 대표작으로, 클라리넷의 서정성과 기술적 가능성을 집중적으로 탐구한 곡이다. 클라리넷의 뛰어난 기교와 낭만적인 선율을 고루 경험할 수 있으며, 클라리넷 레퍼토리에서 빼놓을 수 없는 작품이다.

### Aaron Copland: *Clarinet Concerto(1947-1949)*

재즈와 미국 민속음악의 영향을 받아 서정적이면서도 현대적인 색채가 돋보인다. 이 작품은 재즈 클라리넷 연주자 베니 굿맨(Benny Goodman)을 위해 작곡되었다. 독창성과 대중적 감각을 갖추었으며, 클라리넷의 다양한 음색과 리듬을 탐구할 수 있는 매력을 지닌다.

### Oscar Navarro: *Clarinet Concerto and Wind Band(2006)*

풍부한 감정과 리듬이 어우러진 작품으로, 재즈의 부드러운 터치가 가미되어 누구나 쉽게 공감할 수 있다. 클라리넷의 기술적 가능성을 극대화하며, 악기의 전 음역을 활용하고 다양한 기교를 요구한다. 또한, 역동적인 리듬과 화성을 품은 인상적인 작품이다.

## 🎵 색소폰 Saxophone

### Alexander Glazunov: *Concerto for Alto Saxophone in E-flat Major Op. 109(1934)*

클래식 색소폰 레퍼토리의 대표작으로, 색소폰의 서정성과 기술적 역량을 탁월하게 보여준다. 단악장 형식으로 구성된 이 곡은 감미로운 멜로디와 화려한 패시지가 돋보인다.

### Jacques Ibert: *Concertino da Camera for Alto Saxophone and Eleven Instruments(1935)*

색소폰과 관악기의 조화로운 음색이 돋보이는 작품이다. 두 개의 악장으로 구성되었으며, 리드미컬한 첫 악장에 비해 두 번째 악장은 서정적인 분위기를 자아낸다. 원곡은 소편성 실내 오케스트라를 위해 작곡되었으나, 윈드 앙상블 편곡 버전도 자주 연주된다.

**Ida Gotkovsky: *Concerto pour Saxophone et Orchestre(1982)***

고트코프스키는 프랑스의 현대 음악 작곡가로, 전통적인 클래식 양식과 현대적 기법을 융합한 창의적인 음악을 선보인다. 그녀의 작품은 독특한 화성과 리듬, 강렬한 표현미가 돋보인다. 이 협주곡은 그녀의 대표작으로, 현대적 색채와 강렬한 표현력이 표출되며, 색소폰의 기교와 가능성을 폭넓게 탐구한 작품이다.

 바순 Bassoon

**Wolfgang Amadeus Mozart: *Bassoon Concerto in B-flat Major(1774)***

바순 협주곡의 고전 시대 대표작으로, 청아한 선율과 기교적 요소가 조화를 이루는 작품이다. 고전주의 음악 특유의 명확한 구조와 선율미를 통해 바순의 서정성과 경쾌한 매력을 잘 나타낸다.

**Carl Maria von Weber: *Bassoon Concerto in F Major(1811)***

고전주의와 초기 낭만주의 양식이 혼합된 독창적인 작품으로, 바순 레퍼토리의 중요한 협주곡 중 하나로 손꼽힌다. 전통적인 3악장 형식으로, 바순의 서정적이고 화려한 면모를 탁월하게 드러낸다.

**Eric Ewazen: *Concerto for Bassoon and Wind Ensemble(2002)***

에릭 이와젠의 작풍을 잘 보여주는 이 작품은 현대적인 화성과 전통적인 선율미가 조화를 이룬다. 바순의 고유한 음색이 돋보이며, 연주자에게는 높은 기량과 음악적 해석을 요구한다.

## 트럼펫 Trumpet

**Joseph Haydn:** *Concerto for Trumpet in E-flat Major (1796)*

하이든의 트럼펫 협주곡은 1796년에 작곡되어 1800년 3월에 초연된 작품으로, 고전주의 음악의 명확한 구조와 아름다움을 잘 담아낸 작품이다. 화려하면서도 서정적인 선율이 조화를 이루며, 연주자와 청중을 매료시키는 대표적인 협주곡이다.

**Henri Tomasi:** *Trumpet Concerto (1948)*

1948년 파리 국립음악원CNSM의 의뢰로 작곡된 이 작품은 당시 "연주 불가"로 선언될 만큼 도전적인 곡으로 주목받았다. 현대적인 리듬과 화성이 돋보이며, 트럼펫의 기교적 표현을 극대화한 작품이다. 작곡가는 "이 협주곡에는 특정 주제나 중심 주제가 없습니다. 순수한 음악입니다. 바흐부터 재즈에 이르기까지 트럼펫이 지닌 모든 표현적·기술적 가능성을 종합하려고 노력했습니다."라고 말하며 작품의 특징을 설명했다(Journal de Vichy, 1949. 7. 28.).

**Alexander Arutiunian:** *Trumpet Concerto in A-flat Major (1950)*

트럼펫의 화려한 기교와 서정성이 어우러져, 낭만주의적 표현과 아르메니아 민속음악의 조화를 이룬 독창적인 음악적 색채를 담고 있다. 전 세계 트럼펫 연주자들에게 사랑받는 대표적인 협주곡으로 자리 잡은 이 작품은, 독특한 매력과 강렬한 여운을 남긴다.

## 호른 Horn

**Wolfgang Amadeus Mozart:** *Horn Concerto No. 4 in E-flat Major K. 495 (1786)*

모차르트의 호른 협주곡은 총 네 곡으로, 밸브가 없는 내추럴 호른을 위해 작곡되었다. 이 작품들은 호른 레퍼토리의 중요한 협주곡으로, 고전주의 음악의 명곡으로 평가받는다. 그중 제4번 협주곡은 호른의 서정성과 기교를 완벽히 결합한 곡으로, 가장 널리 사랑받으며 자주 연주되는 작품이다(유튜브 참조: Mozart's Horn Concerto No. 4 on the Natural Horn).

**Richard Strauss: *Horn Concerto No. 1 in E-flat Major Op. 11 (1883)***

슈트라우스가 19세에 작곡한 초기 작품이다. 낭만주의 호른 협주곡의 대표작으로 1883년 뮌헨에서 초연되었다. 드라마틱한 선율과 고난도의 기교를 요구하며, 호른 연주자의 중요한 레퍼토리이다.

**Dana Wilson: *Concerto for Horn and Wind Ensemble (1997/2002)***

다나 윌슨은 미국의 현대 작곡가로, 특히 관악단을 위한 작품에서 높은 평가를 받고 있다. 이 협주곡은 연주자에게 고난도의 기교와 다양한 표현을 요구한다. 관악단 버전은 2002년 이스트만 윈드 앙상블 50주년 기념행사에서 이타카Ithaca 대학 윈드 앙상블과 함께 초연되었다.

##  트롬본 Trombone

**Ferdinand David: *Concertino for Trombone in E-flat Major Op. 4 (1837)***

초기 낭만주의 트롬본 레퍼토리의 대표작으로, 서정적인 멜로디와 기교적인 패시지가 조화를 이룬다. 이 작품은 트롬본 연주자들에게 필수 레퍼토리로 손꼽힌다.

**Nicolai Rimsky-Korsakov: *Trombone Concerto in B-flat Major (1877)***

림스키-코르사코프가 러시아 해군 군악대 감독으로 활동하던 시기에 작곡된 이 작품은, 트롬본 레퍼토리에서 중요한 위치를 차지한다. 웅장함과 화려한 색채감이 돋보이며, 활기찬 론도 형식이 특징이다.

**Johan de Meij: *T-Bone Concerto (1996)***

네덜란드 작곡가 요한 데 메이가 1996년 1월에 완성한 솔로 트롬본과 윈드 오케스트라를 위한 협주곡이다. 트롬본의 뛰어난 테크닉이 돋보이며, 유머와 드라마가 풍부하게 어우러진다. 이 작품은 현대 관악의 대표적인 트롬본 협주곡으로 평가받는다.

## 유포니움 Euphonium

### Joseph Horovitz: *Euphonium Concerto(1972)*

유포니움 레퍼토리의 대표작으로, 기교와 서정성을 동시에 요구하며 연주자와 청중에게 깊은 인상을 남기는 작품이다. 유머러스하고 경쾌한 요소와 깊은 서정성이 조화를 이루며, 유포니움 의 가능성을 새롭게 제시한 중요한 협주곡이다.

### Philip Sparke: *Euphonium Concerto No. 1(1992)*

1992년 리버 시티 브라스 밴드(피츠버그)의 의뢰로 작곡된 호른 협주곡이 원곡이다. 영국 유포 니움 거장 스티븐 미드(Steven Mead)의 요청으로 편곡되어, 1995년 일본 오사카에서 브리즈 브라스 밴드의 연주로 초연되었다. 전형적인 3악장으로 구성되어 있으며, 유포니움의 음역과 특 성을 총망라한 이 작품은 독창성과 기교를 모두 갖춘 작품이다.

### Edward Gregson: *Euphonium Concerto(2018/2021)*

이 곡은 유포니움 레퍼토리의 중요한 협주곡으로, 깊이 있는 음악적 서사와 유포니움의 기술적 가능성을 극대화한 작품이다. 서정성과 화려한 기교가 조화를 이루며, 연주자에게 높은 수준 의 음악적 표현력을 요구한다.



## 튜바 Tuba

### Ralph Vaughan Williams: *Concerto for Bass Tuba and Orchestra(1954)*

튜바를 위한 최초의 주요 협주곡으로, 이 작품은 튜바를 솔로 악기로 재조명하며 그 가능성을 본격적으로 탐구한 의미 있는 곡이다. 또한, 튜바 음악 발전의 중요한 전환점이 되었으며, 이후 튜바 협주곡 작곡의 새로운 장을 여는 데 크게 기여했다.

### Edward Gregson: *Tuba Concerto(1976)*

현대 튜바 협주곡 레퍼토리에서 중요한 위치를 차지하는 이 작품은 전통적인 형식과 현대적 요 소가 조화를 이룬다. 튜바와 관악단의 상호작용을 통해 다채롭고 풍부한 현대적 화성과 리듬 이 돋보인다.

### John Williams: *Tuba Concerto(1985)*

영화 음악의 거장 존 윌리엄스가 작곡한 이 작품은, 보스턴 팝스 오케스트라의 튜바 수석 체스터 슈미츠(Chester Schmitz)에게 헌정되었다. 튜바를 위한 현대 레퍼토리의 대표작으로, 존 윌리엄스 특유의 드라마틱한 스타일과 극적인 전개가 매력적인 작품이다.

##  마림바 Marimba

### Paul Creston: *Concertino for Marimba and Band(1940/1975)*

마림바를 위한 최초의 주요 협주곡으로, 독창적인 리듬과 선율로 잘 알려져 있다. 이 곡은 마림바의 독주 악기 잠재력을 탐구하는 동시에, 관악단과 조화를 이루는 작품이다. 3악장으로 구성되어 있으며, 각 악장은 마림바의 풍부한 음색과 기교를 잘 나타내고 있다.

### Alfred Reed: *Concertino for Marimba and Winds(1993)*

일본의 저명한 마림바 연주자 코노 레이코(Kono Reiko)에게 헌정된 이 곡은 그녀에 의해 초연되었다. 작품은 1악장 녹턴Nocturne, 2악장 경쾌한 스케르체토Scherzetto, 3악장 스윙 부기 리듬을 배경으로 한 토카타Toccata로 구성되어 있다. 마림바의 다양한 음색과 기교가 관악단의 풍부한 사운드와 조화를 이루는 점이 특징이다.

##  팀파니 Timpani

### Gordon Jacob: *Concerto for Timpani and Wind Band(1984)*

고든 제이콥은 영국을 대표하는 작곡가로, 전통적인 고전주의 스타일에 현대적인 화성과 리듬을 결합하여 독창적인 음악적 색채를 만들어낸다. 이 작품은 팀파니의 리드미컬한 특성과 음색의 다양성을 극대화하며, 현대적 리듬과 고전적 형식이 조화를 이룬다.

**Catherine Likhuta: *Storm Chasers - Concerto for Timpani and Wind Symphony (2023)***

퀸즐랜드의 태풍 시즌에서 영감을 받아 탄생한 협주곡이다. 자연의 강렬한 힘을 팀파니와 윈드 오케스트라의 역동적인 음향의 상호작용을 통해 표현했다. 현대적인 리듬과 다채로운 사운드가 돋보이며, 세 개의 악장으로 구성되어 폭풍우, 상실, 경고 신호를 음악적으로 그려낸다. 2023년에 발표된 최신 작품으로, 독창적인 접근과 강렬한 표현력으로 주목받고 있다.

4-6
관악 명곡 · 추천 명반

# Serenade No. 10, Gran Partita

작 곡 가　　Wolfgang Amadeus Mozart

작 품 명　　Serenade No. 10, Gran Partita K. 361/370a

작곡연도　　1781 or 1782

편　　성　　챔버 윈드 앙상블(13명)
2 oboes, 2 clarinets, 2 basset horns, 2 bassoons, contrabassoon, 4 horns

작품구성　　7악장
*1. Largo. Molto Allegro*
*2. Menuetto*
*3. Adagio*
*4. Menuetto. Allegretto*
*5. Romance. Adagio*
*6. Tema con Variazioni*
*7. Finale. Molto Allegro*

연주시간　　약 50분

출 판 사　　Eulenburg Edition, Schott Music, Ludwig-Masters Publications

## 추천음반

Berliner Philharmoniker,
Zubin Mehta
[Sony Classical, 1995]

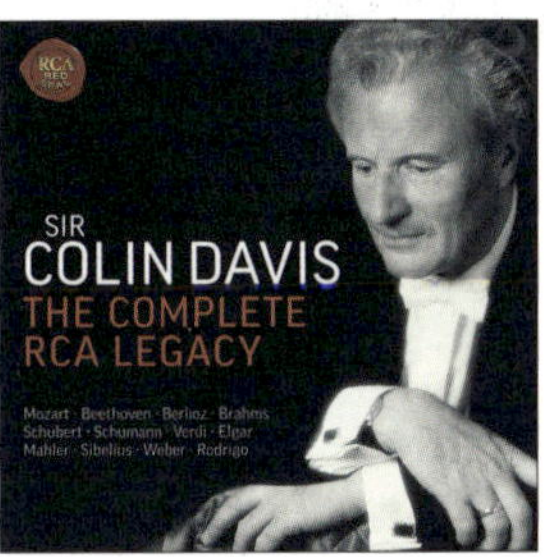

Bavarian Radio Symphony,
Sir Colin Davis
[Sony Masterworks, 2014]

Wiener Mozart-Bläser,
Nikolaus Harnoncourt
[Teldec, 1984]

# Grande Symphonie Funèbre et Triomphale

| | |
|---|---|
| 작 곡 가 | Hector Berlioz |
| 작 품 명 | Grande Symphonie Funèbre et Triomphale, Op. 15 |
| 작곡연도 | 1840 |
| 편　　성 | 윈드 오케스트라, 혼성 합창 |
| 작품구성 | 3악장 |

*1. Marche funèbre. Moderato un poco lento*
*2. Oraison funèbre. Adagio non tanto*
  *- Andantino un poco lento e sostenuto*
*3. Apothéose. Allegro non troppo e pomposo*

| | |
|---|---|
| 연주시간 | 약 35분 |
| 출 판 사 | Breitkopf und Härtel, Molenaar |

추천음반

London Symphony, Colin Davis
[Decca, 1989]

Wallace Collection, John Wallace
[Nimbus Records, 1989]

# Serenade for Wind Instruments

| | |
|---|---|
| 작 곡 가 | Antonín Dvořák |
| 작 품 명 | Serenade for Wind Instruments, Op. 44 |
| 작곡연도 | 1878 |
| 편　　성 | 챔버 윈드 앙상블(12명)<br>2 oboes, 2 clarinets, 2 bassoons, contrabassoon, 3 horns, cello, double bass |
| 작품구성 | 4악장<br>*1. Moderato, quasi marcia*<br>*2. Minuetto. Tempo di minuetto*<br>*3. Andante con moto*<br>*4. Finale. Allegro molto* |
| 연주시간 | 약 25분 |
| 출 판 사 | Bärenreiter, E. F. Kalmus |

추천음반

Symphonieorchester des Bayerischen Rundfunks,
Rafael Kubelik
[Orfeo, 1997]

Vienna Philharmonic Orchestra,
I. Kertesz
[Mercury, 1958]

# Serenade in E-flat

| | |
|---|---|
| 작 곡 가 | Richard Strauss |
| 작 품 명 | Serenade in E-flat Major, Op. 7 |
| 작곡연도 | 1881 |
| 편　　성 | 챔버 윈드 앙상블(13명) <br> *2 flutes, 2 oboes, 2 clarinets, 2 bassoons, 4 horns, contrabassoon* |
| 연주시간 | 약 10분 |
| 출 판 사 | Universal Edition, Ludwig-Masters Publications |

추천음반

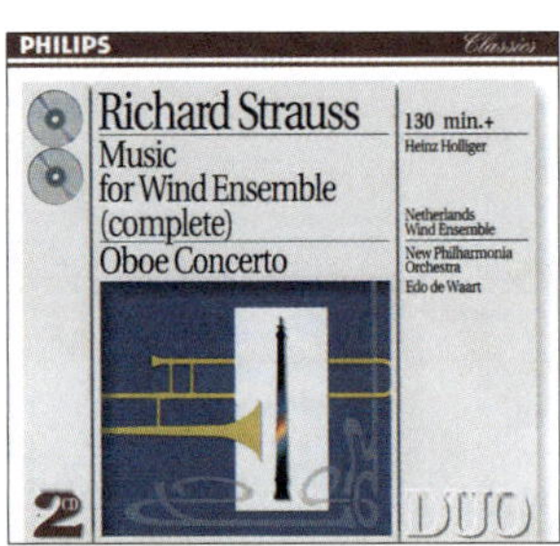

Netherland Wind Ensemble,
Edo de Waart
[Philips, 1993]

Münchner Bläserakademie,
Wolfgang Sawallisch
[Orfeo, 1982]

# Second Suite for Military Band

| | |
|---|---|
| 작 곡 가 | Gustav Holst |
| 작 품 명 | Second Suite for Military Band, Op. 28, No. 2 |
| 작곡연도 | 1911 |
| 편　　성 | 윈드 오케스트라 |
| 작품구성 | 4악장<br>*1. March*<br>*2. Song without Words 'I'll Love My Love'*<br>*3. Song of the Blacksmith*<br>*4. Fantasia on the Dargason* |
| 연주시간 | 약 13분 |
| 출 판 사 | Boosey & Hawkes |
| 추천음반 | |

The Cleveland Symphonic Winds,
F. Fennell
[Telarc, 1980]

London Philharmonic Orchestra,
N. Braitwaite
[Lyrita Recorded Edition, 1982]

# Symphonies of Wind Instruments

| | |
|---|---|
| 작 곡 가 | Igor Stravinsky |
| 작 품 명 | Symphonies of Wind Instruments |
| 작곡연도 | 1920 (1947 revision) |
| 편 　 성 | 윈드 앙상블 (23명)<br>*3 flutes, 2 oboes, English horn, 3 clarinets,*<br>*3 bassoons (3rd doubling contrabassoon),*<br>*4 horns, 3 trumpets, 3 trombones, tuba* |
| 작품구성 | 1악장 |
| 연주시간 | 약 10분 |
| 출 판 사 | Boosey & Hawkes |

추천음반

Berliner Philharmoniker,
Pierre Boulez
[Deutsche Grammophon, 2007]

The Nash Ensemble,
Sir Simon Rattle
[Chandos Records, 2005]

# Lincolnshire Posy

작 곡 가    Percy Grainger

작 품 명    Lincolnshire Posy

작곡연도    1937

편    성    윈드 오케스트라

작품구성    6악장
1. Lisbon (Sailor's Song)
2. Horkstow Grange (The Miser and his Man: A Local Tragedy)
3. Rufford Park Poachers (Poaching Song)
4. The Brisk Young Sailor (Returned to Wed his True Love)
5. Lord Melbourne (War Song)
6. The Lost Lady Found (Dance Song)

연주시간    약 16분

출 판 사    Boosey & Hawkes

추천음반

Dallas Wind Symphony,
Jerry Junkin
[Reference Recordings, 2009]

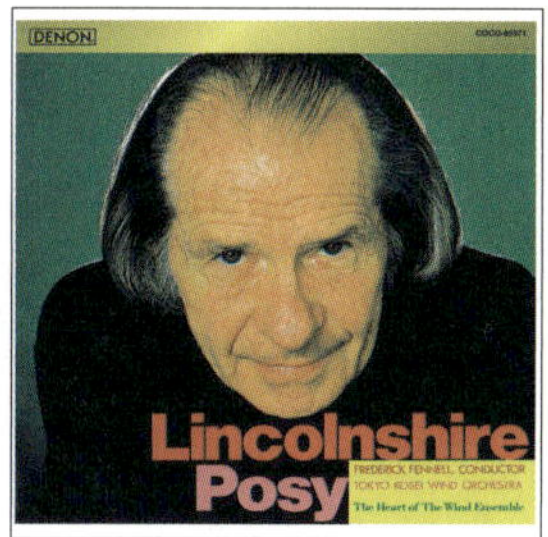

Tokyo Kosei Wind Orchestra,
Frederick Fennell
[Denon Japan, 2008]

# Theme and Variations

| | |
|---|---|
| 작 곡 가 | Arnold Schoenberg |
| 작 품 명 | Theme and Variations, Op. 43a |
| 작곡연도 | 1943 |
| 편 　 성 | 윈드 오케스트라 |
| 작품구성 | 주제, 제1~7변주, 피날레 |

*Thema: Poco allegro*
*1. Variation*
*2. Variation: Allegro molto*
*3. Variation: Poco adagio*
*4. Variation: Tempo di valse*
*5. Variation: Molto moderato*
*6. Variation: Allgero*
*7. Variation: Moderato*
*Finale: Moderato*

| | |
|---|---|
| 연주시간 | 약 12분 |
| 출 판 사 | G. Schirmer |
| 추천음반 | |

Tokyo Kosei Wind Orchestra,
Frederick Fennell
[Kosei, 1984]

Royal Northern College of Music,
Clark Rundell
[Chandos, 2009]

# Suite Française

| | |
|---|---|
| 작 곡 가 | Darius Milhaud |
| 작 품 명 | Suite Française |
| 작곡연도 | 1944 |
| 편     성 | 윈드 오케스트라 |
| 작품구성 | 5악장<br>1. Normandie<br>2. Bretagne<br>3. Ile de France<br>4. Alsace-Lorraine<br>5. Provence |
| 연주시간 | 약 15분 |
| 출 판 사 | Hal Leonard |

추천음반

London Wind Orchestra,
Denis Wick
[ASV, 1992]

Eastman Wind Ensemble,
Frederick Fennell
[Mercury Living Presence, 1998]

# La Fiesta Mexicana

| | |
|---|---|
| 작 곡 가 | Herbert Owen Reed |
| 작 품 명 | La Fiesta Mexicana |
| 작곡연도 | 1949 |
| 편 성 | 윈드 오케스트라 |
| 작품구성 | 3악장<br>*1. Prelude and Aztec Dance*<br>*2. Mass*<br>*3. Carnival* |
| 연주시간 | 약 22분 |
| 출 판 사 | Alfred Publishing |

추천음반

Dallas Wind Symphony,
Jerry Junkin
[Reference Recordings, 1991]

Peabody Conservatory Wind Ensemble,
H. D. Parker
[Naxos Wind Band Classics, 2006]

# Symphony in B-flat for Band

작 곡 가　　Paul Hindemith

작 품 명　　Symphony in B-flat for Band

작곡연도　　1951

편　　성　　윈드 오케스트라

작품구성　　3악장
　　　　　　1. Moderately fast, with vigor ( ♩ = 88-92)
　　　　　　2. Andantino grazioso ( ♩ = 56)
　　　　　　3. Fugue: Rather broad ( ♩ = 100)

연주시간　　약 18분

출 판 사　　Schott Music

추천음반

Eastman Wind Ensemble,
Frederick Fennell
[Mercury, 1957]

Royal Norwegian Navy Band,
Ingar Bergby
[2L, 2014]

# Chorale and Alleluia

| | |
|---|---|
| 작 곡 가 | Howard Hanson |
| 작 품 명 | Chorale and Alleluia |
| 작곡연도 | 1954 |
| 편 성 | 윈드 오케스트라 |
| 연주시간 | 약 5분 |
| 출 판 사 | Carl Fischer |

추천음반

Philharmonia a Vent,
John Boyd Hanson - Chorale & Alleluia
[Klavier, 2006]

Frederick Fennell Remembered
[Brain Music, DVD, 2005]

# Symphony No. 4

| | |
|---|---|
| 작 곡 가 | David Maslanka |
| 작 품 명 | Symphony No. 4 |
| 작곡연도 | 1994 |
| 편 　 성 | 윈드 오케스트라 |
| 작품구성 | 5 파트<br>*Part 1. M. 1~332*<br>*Part 2. M. 333~405*<br>*Part 3. M. 406~569*<br>*Part 4. M. 570~711*<br>*Part 5. M. 712~End* |
| 연주시간 | 약 28분 |
| 출 판 사 | Carl Fischer |

추천음반

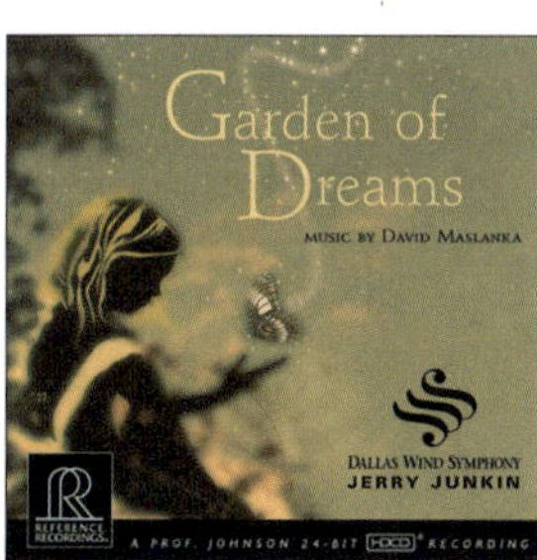

Dallas Wind Symphony,
Jerry Junkin
[Reference Recordings, 2006]

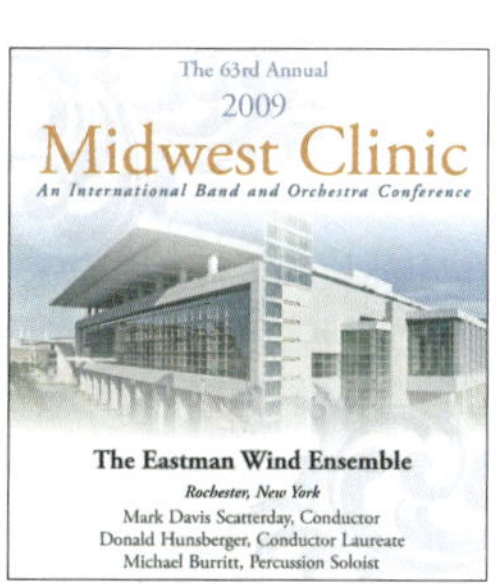

Eastman Wind Ensemble,
Mark Davis Scatterday
[Mark Records, 2011]

# Et Exspecto Resurrectionem Mortuorum

작 곡 가　　Olivier Messiaen

작 품 명　　Et Exspecto Resurrectionem Mortuorum

작곡연도　　1964

편　　성　　윈드 오케스트라

작품구성　　5악장
1. *"Des profondeurs de l'abîme, je crie vers toi, Seigneur:*
   *Seigneur, écoute ma voix!"*
2. *"Le Christ, ressuscité des morts, ne meurt plus;*
   *la mort n'a plus sur lui d'empire."*
3. *"L'heure vient où les morts entendront la voix du Fils de Dieu..."*
4. *"Ils ressusciteront, glorieux, avec un nom nouveau -*
   *dans le concert joyeux des étoiles et les  acclamations des fils du ciel."*
5. *"Et j'entendis la voix d'une foule immense..."*

연주시간　　약 35분

출 판 사　　Alphonse Leduc

추천음반

Royal Concertgebouw Orchestra,
Bernard Haitink
[Philips, 1990]

New York Philharmonic,
Pierre Boulez
[Sony Classical, 1995]

# Music for Prague 1968

| | |
|---|---|
| 작 곡 가 | Karel Husa |
| 작 품 명 | Music for Prague 1968 |
| 작곡연도 | 1968 |
| 편　　성 | 윈드 오케스트라 |
| 작품구성 | 4악장<br>*1. Introduction and Fanfare*<br>*2. Aria*<br>*3. Interlude*<br>*4. Toccata and Chorale* |
| 연주시간 | 약 25분 |
| 출 판 사 | G. Schirmer |

추천음반

Eastman Wind Ensemble,
Donald Hunsberger
[CBS Masterworks, 1989]

Rutgers Wind Ensemble,
William Berz
[Naxos Wind Band Classics, 2009]

# 재미있는 관악 영화
# 자주 쓰는 관악 용어

# 재미있는 관악 영화



### 🎵 나의 관악 영화 여정

마틴 스콜세이지(Martin Scorsese) 감독은 이렇게 말했다. "영화는 우리를 위로하고, 우리가 결코 알지 못했던 사람들과 문화를 연결해 준다."

나는 영화를 좋아한다. 특히 음악 영화는 음향이 좋은 영화관을 일부러 찾아가서 볼 정도로 좋아한다. 기억에 남는 음악 영화로는 88올림픽 군악대 행사를 끝으로 음대에 복학한 후 본 「대니와 함께한 이브닝An Evening With Danny Kaye」을 가장 먼저 꼽을 수 있겠다. 바이올린을 전공하며 음악 감상실에 열심이 활동했던 후배 L의 추천으로 그 영화를 접하게 되었다. 에이버리 피셔 홀(현, 데이비드 게펜 홀)에는 근엄하게 턱시도와 이브닝 드레스를 차려입은 청중들이 자리를 가득 채우고 있다. 뉴욕 필하모닉과 코미디언 대니 케이가 함께 만들어가는 익살스러운 공연은 이 엄숙한 공간을 웃음바다로 바꾸어 놓는다. 대니는 콘서트 중간에 바이올린 단원과 아리랑을 노래한다. 전통의 명문 뉴욕 필하모닉이 코미디언의 지휘에 맞춰 에이버리 피셔 홀에서 익살스러운 콘서트를 연다는 내용 자체가 나를 놀라게 했다. 나는 그 시절 한국의 근엄한 교향악단을 떠올리며 갑갑함을 느꼈었다.

또 기억나는 영화로는 「아마데우스Amadeus」가 있다. 2000년대 중반까지 공중파 TV 외화는 한국어로 더빙해서 방영됐다. 1985년과 1995년에 「아마데우스」 모차르트역 더빙은 당대 최고의 성우, 천의 목소리 배한성 선생님이 맡아 열연했다. 2006년 당시 나는 모차르트 탄생 250주년 기념 콘서트를 기획하고 있었다. 그때 영화 「아마데우스」가 떠올랐다. 나는 배한성 선생님이 진행하는 라디오 방송국에 전화를 했다. "선생님! 제가 모차르트 콘서트를 기획하고 있습니다. 모차르트는 250년 전에 태어난 작곡가지만, 우리는 모차르트 하면 선생님을 떠올립니다." 선생님은 흔쾌히 콘서트 출연을 결정해 주셨다. 나는 배한성 선생님 덕분에 코리안 윈드 앙상블과 함께 '모차르트로부터 온 편지'를 서울과 지방에서 연주할 수 있었다.

2014년, 서울 삼성동 M박스에서 본 한 편의 영화는 나를 숨막히게 몰아붙였다. 바로 재즈 드럼 영화「위플래쉬」이다. 나는 음향 좋은 명당 자리를 예약하고 혼자 집중하여 영화를 감상했다. 아카데미상 수상자 J. K. 시먼스와 마일스 텔러의 압도적 연기는 돌비 애트모스의 공간 음향과 어우러져 마치 정교하게 조율된 심포니를 관람하는 듯한 느낌을 자아냈다.

내가 본 음악 영화 가운데 내게 나름의 의미를 남긴 12개 작품과 2024년 개봉한 프랑스 관악 영화를 실었다.

영화 번호는 순위가 아니라 관악 장르 구분을 위해 사용했다. 자신이 좋아하는 분야의 영화 몇 편을 골라 감상해보기를 추천한다.

보는 재미도 쏠쏠할뿐더러 영화 속 관악의 매력도 만끽할 수 있다.

# 추천 관악 영화 목록

| 영화 제목 | 관악 분야 |
|---|---|
| 1. 아마데우스 Amadeus (1984) | 살리에리를 좌절케 한 '관악 명곡' 〈그랑 파르티타〉 |
| 2. 브레스트 오프 Brassed Off (1996) | 리즈 시절 이완 맥그리거와 탄광촌 '브라스 밴드' |
| 3. 꽃피는 봄이 오면 (2004) | 배우 최민식의 삼척 도계 중학교 '관악부' |
| 4. 드럼라인 Drumline (2002) | '마칭 밴드', 드럼 전쟁이 시작됐다. |
| 5. 스윙 걸즈 Swing Girls (2004) | 일본 낙제 여고생들의 깜찍 발랄한 '빅 밴드' 영화 |
| 6. 홀랜드 오퍼스 Mr. Holland's Opus (1995) | '음악 선생님'과 제자들이 만든 최고의 작품 번호 |
| 7. 미션 The Mission (1986) | '오보에' 부는 신부님-〈넬라 판타지아〉 |
| 8. 모베터 블루스 Mo' Better Blues (1990) | 덴젤 워싱턴 주연 '트럼펫, 색소폰' 재즈 영화 |
| 9. 위플래쉬 Whiplash (2014) | 가혹한 교수와 유망 드러머의 치열한 대결 |
| 10. 이브닝 위드 대니 케이<br>An Evening with Danny Kaye (1981) | 코미디언 대니가 명문 뉴욕필하모닉을 지휘한다고! |
| 11. 웨스트 사이드 스토리<br>L. Bernstein Conducts West Side Story (1985) | 번스타인과 두 명의 아티스트가 빚어낸 명반 탄생 |
| 12. 부에나 비스타 소셜 클럽<br>Buena Vista Social Club (1999) | '쿠바 음악'의 숨은 노장들과 만든 6일만의 기적 |
| 13. 팡파르 En Fanfare (2024) | 프랑스 칸느 영화제에서 만나는 '관악 영화' |

· 라틴 트럼펫 대가 '아르토 산도발'의 사랑과 쿠바 탈출 실화를 담은 「리빙 하바나For Love or Country」(2000)

· 마칭 밴드 뮤지컬, 토니상과 에미상을 수상한 브로드웨이 DCI 뮤지컬 「블라스트Blast」(2001)

· 세계적 디바 비욘세의 음악 열정과 마칭밴드 콜라보 「홈커밍Homecoming: A Film by Beyoncé」(2019)

· 재즈 마니아라면, 클리트 이스트 우드가 메가폰을 잡은 전설의 색소포니스트 '찰리 파커' 영화 「버드Bird」(1988)

· 올드 영화가 좋다면, 행진곡 76트롬본으로 유명한 뮤지컬 영화 「뮤직맨Music Man」(1962)

· 테너 색소폰에 실린 뜨거운 청춘의 열정이 재즈 선율로 감동을 전하는 애니메이션 「블루 자이언트Blue Giant」(2023)

## ♫ 나의 관악 평점 기준

**9.5~10:** 관악과 영화가 완벽히 조화를 이루며, 감동과 음악적 완성도가 뛰어난 필수 감상 작품

**9.0~9.4:** 관악의 매력과 영화적 재미가 조화를 이루며, 관악 팬들에게 추천할 작품

**8.5~8.9:** 관악과 스토리가 적절히 조화되어 재밌고, 가볍게 즐기기 좋은 관악 영화

# 아마데우스

- **관악 장르:** 관악 명곡

- **영문 제목:** Amadeus(*1984)  *관악 영화는 현지 개봉 연도를 기준으로 작성

- **감독/주연:** 밀로스 포만/톰 헐스, F. 머레이 아브라함

- **IMDb평점:** 8.4/10

- **관악 평점:** 9.8/10

- **줄거리:** 1823년, 나이 든 살리에리가 비엔나의 정신병원에 입원해 있다. 과거 왕실 궁정 음악가였던 그는 한 신부에게 자신의 죄를 고백하며, 모차르트와의 관계를 회상한다. 살리에리는 자신이 신의 선택을 받은 작곡가라 믿었으나, 모차르트의 음악에 경외감과 질투심을 동시에 느낀다. 질투에 사로잡힌 그는 자신의 권력과 지위를 이용해 모차르트의 성공을 방해한다. 모차르트는 점차 생활고와 건강 악화에 시달리고, 살리에리가 의뢰한 《레퀴엠》을 작곡하던 중 사망한다. 이후 살리에리는 자신의 음모가 성공했다고 느끼지만, 죄책감과 공허함에 시달리며 고통스러운 삶을 보낸다. 영화는 다시 현재로 돌아와 살리에리가 신부에게 자신의 죄를 고백하며 끝맺는다.

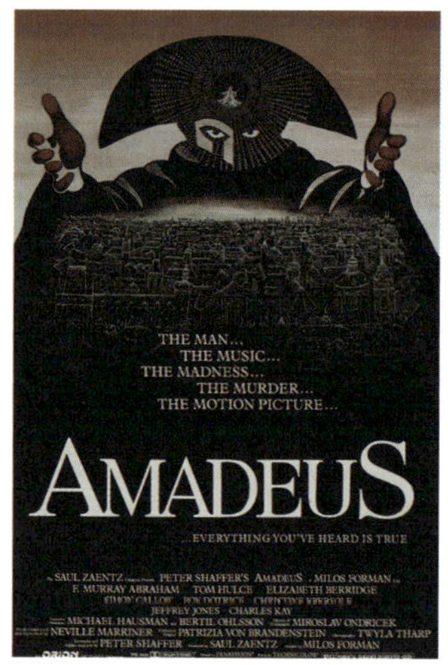


- **관악 감상 포인트:** 관악 역사상 가장 위대한 작품 모차르트의 《그랑 파르티타》를 만날 수 있는 영화. 제3악장 《아다지오: 성 마틴 인 더 필드 Academy of St Martin in the Field》 연주.

## " 명장면 "

살리에리가 신부에게 그랑 파르티타 3악장 《아다지오》를 묘사하는 장면.
살리에리가 모차르트에 대한 외경심을 담아 말한다. **"나는 신의 목소리를 들었다."**

♫ 관악곡 추천:
Serenade No. 10, K361/370a 'Gran Partita'/작곡: W. A. Mozart/
출판: Bärenreiter Urtext Edition/난이도: 5~6

# 브래스드 오프

- **관악 장르:** 브라스 밴드

- **영문 제목:** Brassed Off(1996)

- **감독/주연:** 마크 허만/이완 맥그리거

- **IMDb평점:** 7.1/10

- **관악 평점:** 9.6/10

- **줄거리:** 'Brassed off'는 '짜증난' 또는 '열받은'이라는 뜻이다. 영화는 영국 요크셔의 작은 탄광촌에서 시작된다. 탄광이 폐광 위기에 처하면서 마을 주민들은 생계와 미래에 대한 불안에 휩싸인다. 이 와중에 100년 전통의 탄광촌 브라스 밴드는 런던에서 열리는 전국 대회에 출전하기 위해 연습을 시작한다. 밴드 지휘자 대니와 단원들은 음악을 통해 희망을 찾으며 어려운 현실에 맞선다. 영화는 절망적인 상황에서 브라스 밴드와 음악이 희망의 불씨를 지피는지를 감동적으로 그려낸다. 영국영화협회(BFI)가 선정한 '20세기 영국 영화 베스트 100편'에 이름을 올렸다.

- **관악 감상 포인트:** 영국 브라스 밴드의 매력을 흠뻑 느낄 수 있는 관악 영화.

### " 명장면 "

**1** 적막한 밤 지휘자 대니가 병상에 누워 있다. 병원밖에서 브라스 밴드 단원들이 채굴용 헤드 랜턴을 켜고 연주하던 대니 보이(Danny Boy)

**2** 콩쿠르 결선곡 로시니의 《윌리엄 텔 서곡》 연주

♫ **관악곡 추천:**
Irish Tune from County Derry/작곡: P. Grainger/출판: Carl Fischer/난이도: 3~4

# 꽃피는 봄이 오면

- **관악 장르:** 관악부

- **영문 제목:** Springtime(2004)

- **감독/주연:** 류장하/최민식

- **IMDb평점:** 7.1/10

- **관악 평점:** 8.9/10

- **줄거리:** 교향악단 오디션에서 떨어지고 자포자기에 빠진 현우(최민식 분)는 강원도 삼척시 도계중학교 관악부의 임시 교사로 부임한다. 열악한 관악부는 전국 대회에서 우승하지 못하면 해산될 위기에 처해 있다. 현우와 학생들은 대회를 준비하며 서로의 상처를 치유하고 음악을 통해 희망과 성장을 발견한다. 영화는 관악부와 교사의 노력, 음악이 가져다주는 따뜻한 변화를 섬세하게 그린 감동적인 이야기.

- **관악 감상 포인트:** 영화 「브래스드 오프」와 유사하게 어려운 환경 속에서도 음악을 통해 희망을 찾아가는 과정을 담았다. 관악부 선생님의 헌신과 학생들의 성장 과정이 감동적으로 펼쳐진다. 특히 결선 무대의 연주 상면은 영화의 하이라이트로, 뿌듯함과 진한 여운을 남긴다.

**" 명장면 "**

**1** 《사랑의 트위스트》 신나는 연주에 맞춰 추는 선생님과 학생들의 막춤

**2** 갱도에서 나오는 광부들의 무겁고 지친 표정과 대비되며 빗속에서 웅장하게 연주되는 위풍당당 행진곡 중 《희망과 영광의 땅Land of Hope and Glory》.
*《위풍당당 행진곡》은 일본에서 한자어를 사용 번역한 '行進曲「威風堂々」'을 한국어로 다시 번역한 곡명.

♫ **관악곡 추천:**
Pomp and Circumstance March No. 1/작곡: E. Elgar/출판: Edwin F. Kalmus/난이도: 4

# 드럼라인

- **관악 장르:** 마칭 밴드

- **영문 제목:** Drumline(2002)

- **감독/주연:** 찰스 스톤 3세/닉 캐논, 조 샐다나

- **IMDb평점:** 5.9/10

- **관악 평점:** 9.0/10

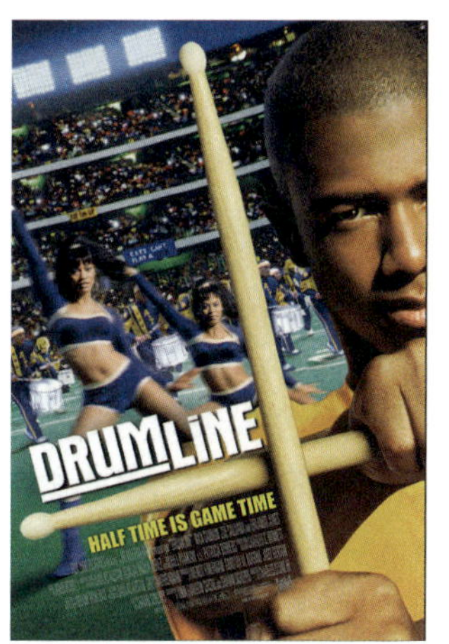


- **줄거리:** 뉴욕 출신의 천부적인 드러머 데본 마일로(닉 캐논 분)는 남부의 명문 애틀랜타 A&T 대학 마칭 밴드에 드럼 특기생으로 입학한다. 재능은 뛰어나지만 악보를 읽지 못해 밴드 리더 숀(레너드 로버츠 분)과 갈등을 겪는다. 의절한 아버지가 무명 드러머로 활동하던 시절 녹음한 음악에서 영감을 얻은 데본은 숀과 화해하고 팀을 위해 곡을 작곡한다. 마침내 마칭 밴드 경연대회 결승에서 A&T 대학과 라이벌인 모리슨 브라운 대학 간의 긴장감 넘치는 드럼라인 배틀이 시작된다. 그러나 데본은 밴드 복귀 명령을 받지 못한 채 동료들을 지켜볼 수밖에 없는 상황에 놓인다.

- **관악 감상 포인트:** 드럼라인이란, 마칭 밴드에서 리듬과 비트를 책임지는 드럼과 타악기를 연주하는 그룹을 말한다. 이 영화는 미국 흑인 대학의 마칭 밴드 문화를 소개하며, 리허설, 공연, 경연 대회의 과정을 매우 현실감 있게 그리고 있다.

**" 명장면 "**

**1** 대회 결승에서 A&T 대학과 라이벌 대학이 펼치는 화려한 공연

**2** 데본의 드럼라인과 라이벌 대학 드럼라인이 맞붙은 드럼 배틀

🎵 **관악곡 추천:**
Drumline 《Shout It Out》(마칭밴드 버전)/편곡: D. Adams/출판: Alfred Music/난이도: 3

# 스윙걸즈

- **관악 장르:** 고교 빅밴드

- **영문 제목:** Swing Girls(2004)

- **감독/주연:** 야구치 시노부/우에노 주리

- **IMDb평점:** 7.5/10

- **관악 평점:** 8.6/10

- **줄거리:** 13명의 낙제 여고생이 여름방학에 보충수업을 받고 있다. 토모코(우에노 주리 분)는 관악부에 도시락을 전해준다는 구실로 땡땡이를 치지만… 아뿔싸, 그만 상한 도시락이 전달된다. 도시락을 못 받은 나카무라를 제외한 관악부 전원이 식중독으로 병원에 입원하는 대사건이 발생한다. 낙제 여고생들은 관악부원 자리를 대신하면서 잠시 재즈 음악을 맛보게 된다. 여고생들은 재즈의 재미를 잊지 못해 자신만의 스윙 밴드 '스윙걸즈'를 결성한다. 연습할 악기도 연습실도 없는 상황에서 펼쳐지는 여고생들의 발랄한 도전!

- **관악 감상 포인트:** 국내에서 보기 힘든 학교 빅밴드, 신나는 빅밴드 연주로 즐기는 스윙 재즈

## " 명장면 "

**1** 마지막 결선 대회에서 스윙 명곡 《싱싱싱》의 멋진 연주와 색소폰 솔로

**2** 횡단보도 신호등 음악을 듣고 스윙풍으로 편곡해 연주하는 유쾌한 장면

♫ 관악곡 추천:
Sing Sing Sing/편곡: N. Iwai/출판: De Haske/난이도: 4

# 홀랜드 오퍼스

- **관악 장르:** 음악 선생님

- **영문 제목:** Mr. Holland's Opus(1995)

- **감독/주연:** 스티븐 헤렉/리처드 드레이퍼스

- **IMDb평점:** 7.3/10

- **관악 평점:** 9.7/10

- **줄거리:** 1964년, 글렌 홀랜드(리처드 드레이퍼스 분)는 명곡을 작곡하겠다는 꿈을 가진 음악가였으나, 생계를 위해 고등학교 음악 교사로 일하게 된다. 처음에는 마지못해 시작했지만, 학생들과의 소통을 통해 교육의 중요성을 점차 깨닫는다. 한편, 아내와의 사이에서 태어난 아들 콜이 청각장애로 판명되며 가정 내 갈등이 커진다. 아들에 대한 실망으로 가정에 소홀했던 홀랜드는, 아들과의 갈등 끝에 농아들을 위한 불빛 음악회를 열며 새로운 관계를 형성한다. 30년 동안 학교에서 음악을 가르쳐 온 홀랜드는 은퇴를 앞두고 학교 예산 삭감으로 음악 수업이 폐지될 위기에 처하지만, 그의 가르침과 작품 《아메리칸 심포니》는 제자들의 마음속에 영원히 남는다.

- **관악 감상 포인트:** 30년간 음악 교사로 제자를 키워낸 홀랜드의 긴 여정과 그의 작품 《아메리칸 심포니》

## " 명장면 "

홀랜드가 스스로 재능이 없다고 생각하는 클라리넷 연주 학생 랭을 지도하는 장면

♫ 관악곡 추천:
Toccata and Fugue in D minor/작곡: J. S. Bach/편곡: Erik Leidzen/출판: Carl Fischer/난이도: 4

# 미션

- **관악 장르:** 목관악기 '오보에'

- **영문 제목:** The Mission (1986)

- **감독/주연:** 롤랑 조페/로버트 드 니로

- **IMDb평점:** 7.4/10

- **관악 평점:** 9.5/10

- **줄거리:** 18세기 남미의 원주민 과라니족 마을을 배경으로, 스페인 예수회 소속 가브리엘 신부는 선교 활동 중 용병 출신의 살인자 멘도자(로버트 드 니로 분)를 만나 그를 회개시킨다. 신부와 멘도자는 원주민들과 함께 자유와 고향을 지키기 위해 포르투갈 군대와 맞서 싸운다. 영화는 신념과 희생, 용서와 구원의 묵직한 메시지를 전하며, 경이로운 대자연의 풍경과 음악의 조화를 통해 관객에게 깊은 감동을 선사한다.

- **관악 감상 포인트:** 오케스트라 프리마돈나 오보에의 매력적 음색 영화음악 거장 엔니오 모리코네의 주제곡 《가브리엘의 오보에》

## " 명장면 "

**1** 가브리엘 신부가 이가수 폭포를 올라 마침내 원주민 마을에 도착하는 장면

**2** 아름답고 평화로운 오보에 연주로 원주민과 소통하며 문화의 장벽을 허무는 순간

♫ **관악곡 추천:**
Morricone's Melody(넬라 판타지아 트럼펫 협연곡)/작곡: E. Morricone/출판: De Haske/난이도: 3

# 모베터 블루스

- **관악 장르:** 트럼펫(재즈)

- **영문 제목:** Mo' Better Blues(1990)

- **감독/주연:** 스파이크 리/덴젤 워싱턴

- **IMDb평점:** 6.7/10

- **관악 평점:** 8.8/10

- **줄거리:** 어머니의 강요로 어린 시절 트럼펫을 시작한 블릭(덴젤 워싱턴 분)은 재즈 음악계에서 성공한 연주자로 성장한다. 하지만 블릭은 오로지 재즈와 밴드 연주에만 몰두하며 다른 삶은 소홀히 한다. 잘나가던 밴드는 매니저 자이언트의 상습 도박으로 인해 위기에 처하고, 블릭은 도박단의 폭행으로 트럼펫 연주를 포기할 정도의 부상을 입는다. 영화 제목 "Mo' Better"는 흑인 슬랭으로 '더없이 좋다'는 의미를 담고 있으며, 재즈 명곡으로 평가받는 영화 주제곡과 완벽히 어우러진다.

- **관악 감상 포인트:** 테렌스 블랜차드(T. Blanchard)가 작곡·트럼펫을, 브랜포드 마샬리스(B. Marsalis)가 테너 색소폰을 연주한 주제곡《Mo' Better Blues》

브랜포드 동생이 클래식과 재즈를 모두 섭렵한 레전드 트럼페티스트 '윈튼 마샬리스'다.

" 명장면 "

영화는 어린 블릭이 트럼펫을 연습하는 장면으로 시작해서,
아버지가 된 블릭이 아들에게 트럼펫을 가르치며 끝난다. 그렇게 삶은 이어진다.

♫ 관악곡 추천:
Branford Marsalis Quartet이 연주한 Mo' Better Blues 음반

# 위플래쉬

- **관악 장르:** 드럼 세트(재즈)

- **영문 제목:** *Whiplash(2014)

- **감독/주연:** 데이미언 셔젤/마일스 텔러, J. K. 시몬스

- **IMDb평점:** 8.5/10
  (글로벌 영화정보 사이트 IMDb 41위, 관악 영화 중 가장 높은 글로벌 순위 기록)

- **관악 평점:** 9.5/10

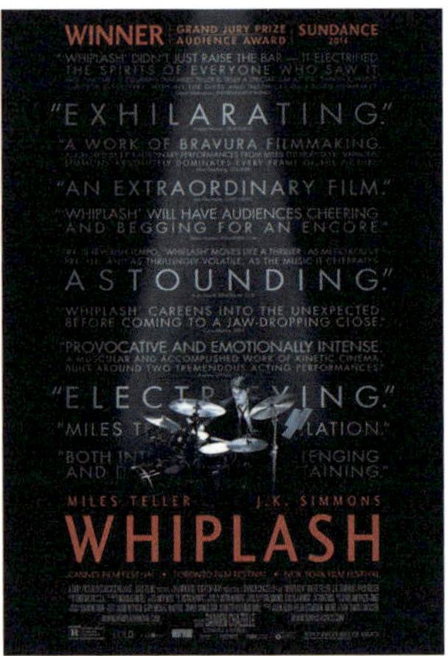

- **줄거리:** 재즈 드러머 지망생 앤드류 니먼(마일스 텔러 분)은 명문 음대의 전설적인 지도교수 테렌스 플레처(J. K. 시몬스 분)에게 사사한다. 플레처는 완벽을 추구하며 극도로 냉혹한 훈련과 심리적 압박으로 앤드류의 한계를 시험한다. 자신의 천재성을 증명하려는 앤드류는 열망과 정신적 고통 사이에서 갈등하며 점차 집착에 빠진다. 카네기 홀 콘서트에서 플레처의 계략으로 좌절을 겪은 앤드류는 무대에 다시 올라 독창적인 드럼 솔로를 연주하며 자신의 한계를 뛰어넘는다. 영화는 재즈와 인간 한계에 대한 도전이라는 주제를 강렬하게 탐구한다.

- **관악 감상 포인트:** 플레처 교수의 교수법은 극단적이고 비인간적이다. 그러나 그의 압박은 학생의 한계를 넘고 잠재력을 발현하게 한다. 음악 교수법에서 압박과 강요가 개인의 성장을 촉진하는 경우도 있지만, 그 과정에서 개인의 인간적인 가치를 잃을 위험이 있다는 점을 시사한다.

* Whiplash: '채찍질'을 뜻하며, 영화 속에서 주인공이 겪는 극한의 연습과 압박을 상징

## " 명장면 "

영화의 엔딩 장면, 앤드류 니먼이 카네기 홀 무대에서 펼치는 '4분 32초' 동안 혼신의 드럼 솔로

🎵 **관악곡 추천:**
Caravan/작곡: D. Ellington/편곡: N. Iwai/출판: De haske/난이도: 3

# 이브닝 위드 대니 케이

- **관악 장르:** 퍼니 클래식 콘서트

- **영문 제목:** An Evening with Danny Kaye and New York Philharmonic(1981)

- **감독/주연:** 로버트 쉐럴/대니 케이, 주빈 메타

- **IMDb평점:** 9.4/10
  (추천 관악 영화 중 IMDb 최고 평점 기록)

- **관악 평점:** 9.2/10

- **줄거리:** 주빈 메타가 로시니의 '도둑까치 서곡'을 멋지게 지휘한 뒤 무대를 떠난다. 갑자기 무대 뒤에서 고함 소리가 들리더니, 연미복을 입은 키 큰 남자가 지휘봉을 잔뜩 들고 나타난다. 코미디언 대니 케이 (1911~1987)다. 우스꽝스럽게 지휘대에 올라 청중을 향해 지휘하던 대니는 노래를 시작한다.

  "Good Evening~"
  청중, "굿 이브닝~"
  대니, "How are you~"
  청중, "하우 아~아~~유"
  콘서트의 시작부터 분위기가 심상치 않다.

- **관악 감상 포인트:** 코미디언의 놀라운 음악성, 음악을 연기로 표현하는 카리스마, 관객과의 소통

## " 명장면 "

늙은 지휘자 묘사, 아리랑, 아이다 행진곡 중 주정뱅이 트럼펫, 성조기여 영원하라 트리오 제창….

🎵 **관악곡 추천:**
Triumphal March/작곡: G. Verdi/편곡: D. A. Richard/출판: Alfred Music/난이도: 4

# 번스타인: 웨스트 사이드 스토리 메이킹 필름

- **관악 장르:** 마에스트로 리허설

- **영문 제목:** L. Bernstein: The Making of West Side Story (1985)

- **감독/주연:** 크리스토퍼 스완/레너드 번스타인, 키리 테 카나와, 호세 카레라스

- **IMDb평점:** 8.1/10

- **관악 평점:** 9.4/10

- **줄거리:** 1984년, 도이치 그라모폰의 녹음 리허설을 담은 다큐멘터리 영화. 영화는 '레너드 번스타인'이 자신의 대표작 《웨스트 사이드 스토리》를 녹음하는 과정을 중심으로, 뉴질랜드 낳은 세계적인 소프라노 '키리 테 카나와'와 세계 3대 테너 중 한 명인 '호세 카레라스'가 함께 작업하는 모습을 보여준다. 번스타인은 녹음 스튜디오에서 긴장감 넘치는 리허설을 이끌며, 음악적 완벽을 추구하는 마에스트로의 열정과 노력, 아티스트들과의 협업 과정을 생생히 담아낸다.

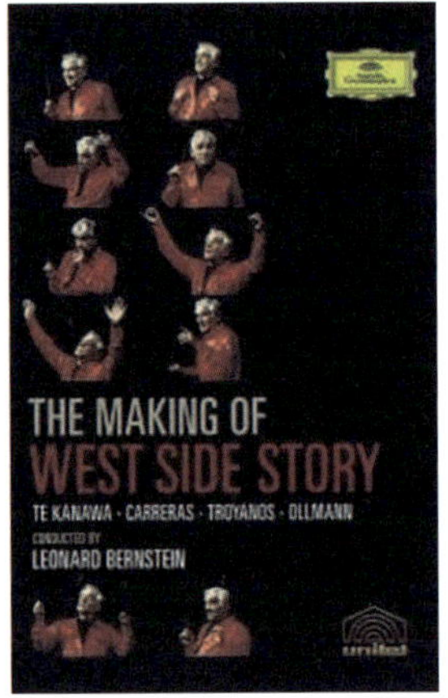


- **관악 감상 포인트:** 마에스트로가 아티스트와 함께 음악을 만들어가는 과정을 엿볼 수 있는 영화.

## " 명장면 "

### 번스타인이 카레라스를 혼내는 (?) 장면

「Something's Coming」 리허설 중 번스타인은 당황한 카레라스에게 "당신이 나보다 앞서 있군.",

"음악이 아니라 나를 봐요. 실수하면 다시 돌아가야죠.",

"알잖아요! 음악을 보면 잘못된 가사를 부른다고요. 날 봐요."

카레라스는 다시 시도하지만 리듬을 계속 틀린다. 번스타인이 짜증 난 듯 말한다. "32, bar 32, come on…"

번스타인과 녹음을 들어본 카레라스는 난감한 표정으로 손톱을 깨문다.

세계 3대 테너 카레라스가 녹음을 마치고 안도의 한숨을 내쉬는 모습을 상상해 보라!

🎵 **관악곡 추천:**
Selections from West Side Story/편곡: W. J. Duthoit/출판: Hal Leonard/난이도: 3~4

# 부에나 비스타 소셜 클럽

- **관악 장르:** 라틴(쿠바) 음악

- **영문 제목:** Buena Vista Social Club (1999)

- **감독/주연:** 빔 벤더스/콤파이 세군도, 루벤 곤잘레스, 이브라힘 페레르

- **IMDb평점:** 7.6/10

- **관악 평점:** 9.3/10

- **줄거리:** '부에나 비스타'는 스페인어로 '전망 좋은'이라는 뜻이자, 쿠바 수도 아바나의 지역 이름이다. 미국의 프로듀서 겸 기타리스트 라이 쿠더는 잊혀진 쿠바 음악의 거장들을 찾아 나선다. 수소문 끝에 89세의 전설적인 가수 겸 기타리스트 콤파이를 시골에서 발견하고, 맑은 미성을 가진 이브라힘 페레르를 구두닦이로 생계를 이어가던 중 합류시킨다. 쿠더는 노장 쿠바 음악인들을 모아 단 6일 만에 《부에나 비스타 소셜 클럽》 앨범을 녹음한다. 이 앨범은 그래미 어워드 수상, 빌보드 라틴 차트 10위 진입, 전 세계 1,200만 장 판매라는 경이로운 기록을 세운다. 영화는 헤밍웨이의 도시 아바나의 골목길과 소셜 클럽에서 흘러나오는 쿠바 음악의 진수를 담아내며, 잊혀진 음악가들의 열정과 삶을 잔잔하게 그려낸다.

- **관악 감상 포인트:** 쿠바 음악 거장들의 진솔한 삶과 음악에 대한 열정

**" 명장면 "**

카네기 홀에서의 공연, 쿠바의 전설적인 음악가들이 잊혔던 쿠바 음악을 세계무대에 알리는 감동의 순간. 거장들의 진정한 연주에 보내는 관객들의 뜨거운 환호!

♬ **관악곡 추천:**
Guantanamera/편곡: Robert Longfield/출판: Hal Leonard/난이도: 1.5

# 팡파르

- **관악 장르:** 동호인 관악단

- **영문 제목:** En Fanfare(The Marching Band)(2024)

- **감독/주연:** 에마뉘엘 쿠르콜/뱅자맹 라베른

- **IMDb평점:** 7.4/10

- **관악 평점:** 국내 개봉 전

- **줄거리:** 2024 칸 국제 영화제 프리미어 부문에 선정된 프랑스 관악 영화. 국제적 명성이 있는 교향악단 지휘자 티보는 백혈병에 걸려 골수 이식을 해줄 기증자를 찾고 있다. 그러던 중 DNA 검사로 자신이 입양되었다는 것과, 프랑스 북부에 친형 지미가 살고 있다는 사실을 알게 된다. 형 지미는 학교 식당에서 일하며, 지역 관악단의 트롬본 연주자로 활약하고 있다.

형의 뛰어난 재능을 알게 된 티보는 불공평한 운명을 바로잡기로 결심한다. 티보의 도움으로 지미는 새로운 삶을 꿈꾸기 시작하는데….

- **관악 감상 포인트:** 우리가 흔히 말하는 '팡파레'는 프랑스 'Fanfare'에서 왔다. 칸 영화제에 공개된 「팡파르」 공식 영상 클립에는 동네 관악단을 지휘하는 티보의 모습이 담겨있다. 연습곡은 영화의 제목처럼 베르디 오페라 아이다 중《그랜드 마치》도입부의 '팡파르'이다. 「팡파르」가 국내 개봉한다면 1997년 '브래스드 오프' 이후 유럽 아마추어 관악단을 만날 수 있는 두 번째 작품이 된다.

- **감독의 말:** "저는 프랑스 북부 도시 투르쿠앵Tourcoing에서 브라스 밴드와 윈드 밴드 세계를 발견했고, 그 경험이 저에게 큰 영향을 미쳤습니다. 가식없이 인간적 따뜻함으로 음악을 함께 만드는 모든 사람에게 큰 감동을 받았습니다."

# 자주 쓰는 관악 용어

 일반

| | |
|---|---|
| **1. (First only)** | 제1번 주자만 연주 |
| **2. (Second only)** | 제2번 주자만 연주 |
| **A Cappella** | [1](이)아카펠라: 일반적으로 합창에 사용되는 무반주곡 |
| **a2** | 두 명의 연주자가 한 악보를 보고 연주하라는 지시 |
| **Ad-lib** | 애드립: 연주자가 자유롭게 패시지(Passage)를 연주함 |
| **Aida trumpet** | 아이다 트럼펫: 오페라《Aida》의 'Grand March' 연주를 위한 팡파르 트럼펫 |
| **Arco** | (이)아르코: 피치카토 연주 후 활을 사용하여 현악기를 연주하라는 지시 |
| **Arranging (Arranger)** | 어레인징: 악곡을 편성에 맞게 편곡하는 것 (어레인저: 편곡자) |
| **Articulation** | 아티큘레이션: 음을 짧거나 길고 강하게 연주하는 방법 |
| **Attacca** | (이)아타카: 다음 연주로 끊지않고 바로 이어서 연주 |
| **Banda** | (이)반다: 오페라 공연 중 백스테이지에서 연주하는 밴드 |
| **Bar** | 바: 음악 기보법의 마디 |
| **Baton** | 바톤: 지휘봉 |
| **Baton Technique** | 바톤 테크닉: 악단이나 합장을 지휘하는 지휘 기법 |
| **Brassy** | 브라시: 금관악기스럽게 웅장하게 연주하라는 지시 |
| **Cadenza** | (이)카덴차: 독주곡의 끝 부분에서 연주자의 기교를 펼칠 수 있는 무반주의 화려한 부분 |
| **Concertmaster** | 콘서트마스터: 악단의 리더로 오케스트라는 제1바이올린, 관악단은 제1 클라리넷이 악장 |
| **Concert Pitch** | 콘서트 피치: 연주를 위한 악기 조율의 기준이 되는 특정 주파수(예: A=440Hz) |
| **Conductor** | 컨덕터: 악단이나 합창단의 지휘자 |
| **Composer in Residence** | 컴포저 인 레지던스: 오케스트라에 소속된 상주 작곡가 |
| **Cue** | 큐: 연극 배우나 연주자에게 시작을 알리는 신호 |
| **Cue Note** | 큐 노트: 연주자가 긴 휴지 후 연주 시작을 돕기 위해 적은 다른 악기의 작은 악보 |

---

[1] (이)이탈리아, (독)독일, (프)프랑스

| | |
|---|---|
| **Curtain Call** | 커튼 콜: 음악회 막이 내린 후 박수와 환호로 연주자를 무대로 다시 불러내는 것 |
| **Divisi** | (이)디비지: 한 파트에서 악보의 특정 부분을 나누어 연주하라는 지시 |
| **Dramaturg** | (독)드라마투르그: 극단이나 오페라단에서 상주하며 제작 전반에 관해 자문하는 역할 |
| **Dress Rehearsal** | 드레스 리허설: 실제 연주와 같이 연주복을 입고하는 무대 위 총연습 |
| **Étude** | (프)에튀드: 연주 기량을 향상시키기 위한 연습곡 |
| **Glissando** | 글리산도: 높이가 다른 두 음 사이를 반음이나 연주기법으로 미끄러지듯 연주 |
| **Grand Pause(G.P.)** | 그랜드 파우제(그랜드 포즈): 곡의 연주 중 연주자 모두가 연주하지 않는 휴지부 |
| **Hemiola** | (이)헤미올라: 2박자 계열의 음악에서 3박자의 리듬 효과를 내는 음악 용어 |
| **Improvisation** | 임프로바이제이션: 즉흥적으로 연주하는 재즈용어 |
| **Instrumentation** | 인스트루멘테이션: 음악 스코어에서 사용된 악기 리스트 |
| **Intermission** | 인터미션: 공연 중 1부와 2부사이의 중간 휴식 |
| **Interval** | 인터벌: 두 음사이의 간격(음정) |
| **Jazz** | 재즈: 미국에서 흑인 음악과 서양음악이 섞여 탄생한 대중음악 |
| **Lunga** | (이)룽가: 긴 휴지부 |
| **Maestro** | (이)마에스트로: 지휘자를 높여 부르는 호칭 |
| **Matinee** | 마티네: 오전 시간에 진행되는 (할인) 공연 |
| **Metronome** | 메트로놈: 박자를 정확하게 맞추기 위해 사용하는 장치 |
| **Mouthpiece** | 마우스피스: 금관악기, 목관악기 등의 연주자 입에 닿는 부분 |
| **Notation** | 노테이션: 기보법 |
| **Orchestra Pit** | 오케스트라 피트: 오페라나 뮤지컬에서 오케스트라가 연주하는 이동식 박스 |
| **Passage** | 패시지: 음악의 한 부분, 악절 |
| **Pentatonic Scale** | 펜타토닉 스케일: 5음으로 구성된 음계(5음음계) |
| **Phrasing** | 프레이징: 음악의 악구 |
| **Pizzicato(pizz.)** | (이)피치카토: 현악기를 연주할 때 손으로 뜯어서 연주 |
| **Podium** | 포디움: 지휘단 |
| **Press Call** | 프레스 콜: 정식 공연에 앞서 언론에 공개하는 공연 하이라이트 소개, 인터뷰 등 정보제공 |
| **Principal** | 프린시펄: 악단의 각 파트를 리드하는 수석 연주자 |

| Program Book | 프로그램 북: 공연을 소개하는 책자 |
| Program Note | 프로그램 노트: 공연내용이나 연주 곡목 소개 및 해설 |
| Range | 레인지: 악기의 음역 |
| Rehearsal | 리허설: 연주나 공연의 예행연습 |
| Resonance | 레조넌스: 음이 충분히 공명되게 연주 |
| Rubato | (이)루바토: 템포를 자유롭게 가감하여 연주 |
| Score | 스코어: 총보 |
| Sempre | (이)셈프레: 항상 똑같이 연주 |
| Senza | (이)영어의 'without' ~하지 않고, ~없이 |
| Senza ritardando | (이)센차 리타르단도: 느려지지 않고 연주 |
| Simile(sim.) | (이)시밀레: 이전과 같은 방식으로 연주하는 지시 |
| Solo | (이)솔로: 독주 |
| Swing(Music) | 스윙(뮤직): 1930~40년대 미국에서 유행하던 대중적인 재즈 음악 |
| Syncopation | 싱코페이션: 당김음 |
| Tacet | 타셋: 관현악, 관악곡에서 특정 악장(부분)을 연주하지 않고 쉬라는 의미 |
| Tempo | 템포: 음악에 사용되는 비트(박자)의 속도 |
| Tuner | 튜너: 악기의 음정을 체크하는 장치 |
| Tutti | (이)투티: 총주, 전 파트가 모두 연주하는 것 |
| Virtuoso | (이)비르투오소: 음악적으로 훌륭한 연주력과 기량을 갖춘 음악의 거장 |
| 상수 | 관객석에서 보았을 때 무대의 오른쪽 |
| 하수 | 관객석에서 보았을 때 무대의 왼쪽 |

## ♪ 목관악기

| Barrel | 배럴: 클라리넷의 마우스피스와 위쪽 관을 연결하는 짧은 원통형 부품 |
| Bell | 벨: 목관악기의 소리가 나오는 부분 |
| Bocal | 보칼: 바순의 리드를 끼는 부분 |

| | |
|---|---|
| **Blackwood** | 아프리카 흑단(African Blackwood): 클라리넷, 오보에 제작 재료 |
| **Cork Grease** | 코르크 그리스: 악기를 조립·분해할 때 마찰을 줄이기 위해 코르크 부분(클라리넷, 오보에, 색소폰 등)에 바르는 윤활유 |
| **Keys** | 키: 목관악기의 금속 키와 연결 부품(스프링, 패드 등)의 총칭 |
| **Ligature** | 리가처: 클라리넷, 색소폰 마우스피스에서 리드를 고정하는 금속 혹은 가죽 밴드 |
| **Octave Key** | 옥타브 키: 목관악기(플루트 제외)에 달린 특수 키로, 공기 흐름을 바꿔 옥타브(또는 12도) 위 음을 낼 수 있게 하는 장치. 클라리넷 레지스터 키는 12도, 오보에·바순, 색소폰의 옥타브 키는 8도 위로 도약 |
| **Overblowing** | 오버블로잉: 플루트(금관악기 포함)에서 공기 압력, 엠보셔(입술 모양)를 조절하여 1 옥타브 위(또는 상위 배음) 음을 연주하는 주법 |
| **Pad** | 패드: 목관악기 키 밑에 붙은 가죽, 합성수지 등으로 된 부품 |
| **Reed** | 리드: 갈대로 만든 얇은 조각으로, 목관악기의 마우스피스에 끼워 진동하여 소리를 발생시킴 |
| | 홑리드(Single Reed): 클라리넷·색소폰, 겹리드(Double Reed): 오보에·바순 |
| **Vibrato** | 비브라토: 일정한 주파수로 관악기의 음 높낮이를 미세하게 변화시켜 연주하는 기법 |
| **W.W.** | Woodwinds: 목관 악기 |

## 🎵 금관악기

| | |
|---|---|
| **Bell** | 벨: 종 모양의 끝부분으로 관악기의 소리가 나오는 부분 |
| **Bells up** | 호른의 벨을 위로 향하게 하여 소리를 더욱 강렬하고 직접적으로 내는 연주 기법 |
| **Brass** | 브라스: 금관악기 |
| **Con Sordino** | (이)콘 소르디노: 약음기를 끼우고 연주 |
| **Crook** | 크룩: 바로크 시대의 금관악기 음정을 바꿀 수 있는 U자형 관 |
| **Embouchure** | 엠보셔: 악기를 연주할 때 입술, 얼굴 근육 사용법. 프랑스어 bouche(부쉬: 입)에서 유래 |
| **F-attachment** | F-어태치먼트: 트롬본의 뒷 부분의 F배음열을 연주할 수 있는 보조 관 |
| **Gestopft** | (독)게슈톱프트: 호른의 폐쇄음 연주법 |

| **Lip Slur** | 립 슬러: 밸브(슬라이드)를 사용하지 않고, 입술과 공기만으로 배음을 이용하여 연주하는 기법 |
|---|---|
| **Main Tuning Slide** | 메인 튜닝 슬라이드: 악기의 전체를 조율하는 U자형 관(각 악기별 위치 다름) |
| **Mutes** | 뮤트: 약음기 |
| **Pedal Tone** | 페달톤: 각 금관악기가 낼 수 있는 제1 배음으로 가장 낮은 음(일반적으로 2배음부터 연주) |
| **Schalltrichter auf** | (독)약어 Schalltr. auf, Bells up 참조 |
| **Senza Sordino** | (이)센자 소르디노: 약음기를 제거하고 연주 |
| **Slides** | 슬라이드: 트롬본의 U자형 관 |
| **Stopped** | 스톱드: 호른의 폐쇄음 연주 주법 |
| **Tonguing** | 텅잉: 관악기의 혀를 사용하는 운설법(Tu, Du, Da 등) |
| **Trigger** | 트리거: 트롬본의 왼손 엄지손가락으로 누르는 방아쇠 모양의 장치 |
| **Water Keys** | 워터 키: 금관악기의 축적된 침, 습기, 응축된 물을 빼기 위한 장치 |
| **with mute** | *see 'Con Sordino'* |
| **without mute** | *see 'Senza Sordino'* |
| **Valve** | 밸브: 금관악기에서 관의 길이를 변경하여 음정을 조절하는 기계 장치. 주로 피스톤 밸브와 로터리 밸브가 사용되며, 공기의 흐름을 조정해 다양한 음정을 낼 수 있도록 함 |
| **Valve (Slide) Oil** | 밸브(슬라이드) 오일: 밸브(슬라이드) 악기의 밸브 움직임을 부드럽게 해주기 위해 사용하는 윤활유 |

## 🎵 타악기

| **Brush** | 브러시: 얇고 긴 철사 또는 나일론 섬유로 만들어진 채, 드럼 헤드나 심벌에 문지르거나 두드려 연주 |
|---|---|
| **Choke** | 초크: 빠르게 소리를 뮤트(진동 제어)하는 기법으로, 주로 심벌 연주나 금속 악기에 사용됨 |
| **Crash Cymbals** | 크래시 심벌즈: 두 개의 심벌로 구성된 타악기, 한 손에 하나씩 두개로 부딪혀 연주하는 심벌즈 |
| **Cross Stick** | 크로스 스틱: 드럼 스틱의 한쪽 끝을 스네어 드럼 헤드 위에 올려놓고, 스틱의 다른 끝으로 드럼 림(테두리)을 두드리는 주법, 음표 위에 "X" 또는"+" 기호로 표시 |

| | |
|---|---|
| **Damping** | 댐핑: 타악기의 음 길이를 조절하기 위해 연주자는 손으로 악기를 누르거나 잡아 진동을 멈추거나, 차임벨과 같이 페달 메커니즘을 사용하여 소리를 제어하는 방법 |
| **Double Stroke** | 더블 스트로크: 타악기를 한 손으로 두 번 연속으로 치는 타악기 주법 |
| **Drum Head** | 드럼 헤드: 드럼의 상단 또는 하단에 장착된 얇은 막, 플라스틱이나 동물 가죽으로 제작 |
| **Drum Rudiment** | 드럼 루디먼트: 드럼 연주의 기본 기술을 구성하는 기초적인 리듬 패턴 |
| **Drum Set(Drum Kit)** | 드럼세트: 댄스 밴드에서 사용되는 악기로 페달, 베이스(킥) 드럼, 스네어 드럼, 2개 이상의 톰톰, 하이햇, 서스펜디드 심벌즈로 구성. 한 명의 연주자가 동시에 연주하는 타악기 세트 |
| **Fill in** | 필 인: 드럼 세트를 연주할 때 악보의 지시 없이 창의적으로 연주하는 주법 |
| **Kettledrums** | 케틀드럼: 팀파니의 또 다른 이름으로 영국에서 주로 사용 |
| **Latin Percussion** | 라틴 퍼커션: 라틴 음악에서 사용되는 타악기. 콩가, 봉고, 팀발레스, 마라카스, 클라베스, 카우벨 등이 대표적 |
| **Let ring(l.r.)** | 렛 링: 주로 금속악기에 사용되며 연주 후 계속 울리게 둠 |
| **Let vibrate(l.v.)** | 렛 비브레이트: 비브라폰이나 글로켄슈필, 차임벨과 같은 금속 건반악기 등을 연주할 때 음이나 화음이 울리게 두라는 지시 |
| **Mallet** | 말렛: 실로폰, 마림바, 팀파니 등의 연주에 사용되는 스틱으로써 천이나 실, 솜으로 덮여있는 채(머리가 둥근 모양–말렛/뾰족한 모양–스틱Stick/짧은 금속막대–비터Beater) |
| **Motor on(off)** | 모터 온(오프): 비브라폰의 전기 모터를 켜고(끄고) 연주 |
| **Paradiddle** | 파라디들: 싱글 스트로크와 더블 스트로크를 번갈아 가며 연주하는 드럼 주법 |
| **Rim** | 림: 드럼, 팀파니의 헤드Head를 고정시키기 위해 감싸고 있는 금속 테두리 |
| **Rim Shot** | 림샷: 스네어 드럼 헤드와 림Rim을 동시에 연주하는 주법 |
| **Roll(trill)** | 롤(트릴): 팀파니, 스네어 드럼을 연주할 때 지속음의 길이를 나태내는 기호 |
| **Sand Block** | 샌드 블록: 바닥에 사포를 덧댄 두 개의 블록 |
| **Side Drum** | 사이드 드럼: 영국에서 ‘스네어 드럼’을 지칭하는 용어, 군악대에서 옆으로 매고 연주하는 드럼에서 유래 |
| **Single Stroke** | 싱글 스트로크: 타악기를 한 손씩 번갈아 치는 스네어 드럼 주법 |
| **Snare** | 스네어: 스네어 드럼 하단 헤드에 장착된 여러 줄의 얇은 금속 와이어 또는 나일론 끈 |

**Snare Drum** 스네어 드럼: 양쪽에 두 개의 드럼 헤드(상단과 하단)가 있는 드럼으로 하단에 부착된 '스네어'를 이용해 특유의 날카로운 소리를 내는 타악기

**Snare on(off)** 스네어 온(오프): 스트레이너(레버)를 이용하여 연주자가 헤드에 스네어를 붙이거나(on) 떨어트려(off) 연주하라는 지시어

**Stick** 스틱: 드럼을 연주하는 채

**Stick Click** 스틱 클릭: 드럼 스틱 두 개를 서로 부딪쳐 내는 주법. 보통 "X" 표기

**Stroke** 스트로크: 드럼 연주에서 드럼 스틱으로 드럼 헤드(또는 심벌)을 치는 주법

**Tremolo** 트레몰로: 팀파니 등에서 음정이 다른 두 음 사이를 연속적으로 연주하는 주법

**Vibraphone** 비브라폰: 알루미늄 막대를 공명관 위에 매달아 만든 타악기. 페달로 음을 뮤트할 수 있으며, 모터로 작동하는 작은 팬으로 비브라토 효과를 냄

**Whip(Slapstick)** 휩: 한쪽 끝에 경첩이 달린 두 개의 단단한 나무로 서로 부딪쳐 소리내는 악기(채찍 효과)

**Wind Chime** 윈드 차임: 나무, 금속, 유리로 만든 작은 막대가 줄에 매달려 있으며, 불규칙한 리듬으로 비비거나 흔들어 연주

### 타악기 약어표(Percussion Abbreviations)

다음 약어는 미국 음악 출판사의 기준을 따랐으며, 출판사에 따라 표기가 다를 수 있음(예: 스네어 드럼–S. dr./Sn. dr./S.D.)

| 약어 | 영어 | 한국어 | 약어 | 영어 | 한국어 |
|---|---|---|---|---|---|
| B. Dr.(B.D.) | Bass Drum | 베이스 드럼 | Tamb. | Tambourine | 탬버린 |
| Cast.(Castan.) | Castanets | 캐스터네츠 | Ten. Dr. | Tenor Drum | 테너 드럼 |
| Ch. Bell | Chime Bell | 차임벨 | T. Bl. | Temple Blocks | 템플 블럭 |
| Cym. | Cymbals | 심벌즈 | Timp. | Timpani | 팀파니 |
| Glock.(Glsp.) | Glockenspiel | 글로켄슈필 | Tri. | Triangle | 트라이앵글 |
| Mar. | Marimba | 마림바 | Tub. Bl. | Tubular Bells | 튜불러 벨 |
| Perc. | Percussion | 타악기 | Vib. | Vibraphone | 비브라폰 |
| S. Cym.(Sus. Cym.) | Suspended Cymbal | 서스펜디드 심벌 | W. Bl. | Wood Block | 우드 블록 |
| Sn. Dr.(S.D.) | Snare Drum | 스네어 드럼 | Wh. | Whistle | 휘슬 |
| Tam-t.(T.T.) | Tam-tam | 탐탐 | Xylo. | Xylophone | 실로폰 |

# 나가는 글

2019년 나는 문득 괜찮은 관악 이론서를 써야겠다는 생각을 했다.

그날부터 나는 몇 번이나 교재를 쓰다 말다를 반복했다.

2024년, 그동안의 게으름을 자책하며

이제는 정말 시작한 일을 끝내야 한다는 강박이 찾아왔다.

결국 올여름에는 바짝 서둘러서 집필을 마치기로 했다.

마침내 원고는 내 책상을 떠난다.

홀가분하면서도 동시에 조심스럽기도 하다.

다만 이 교재가 일선 관악 지도 선생님과 관악인에게 필요한 실용서가 되기를 바란다.

우리는 모두 관악을 사랑하는 사람 아닌가.

2024년 8월, 가을을 기다리며

강 철 호

# 감사의 글

"혼자 가면 빨리 갈 수 있지만, 함께 가면 멀리 갈 수 있다."라는 아프리카 속담이 있습니다.

여러분, 덕분에 제가 여기까지 올 수 있었습니다.

언제나 저의 첫 번째 청중이자 독자가 되어주신 가족에게 고마움을 전합니다.

깊이 있는 통찰과 따뜻한 마음으로 추천사를 써주신 김동수 관악협회 회장님과 관악의 거장 Johan de Meij에게 깊은 감사를 드립니다. 흔쾌히 목관악기 파트를 감수해 주신 함일규 교수님께 감사의 마음을 전합니다. 멋진 악기 사진을 제공해주신 Thein Brass, ㈜코스모스악기, Henry Selmer Saxophone, Gebr. Alexander, 기타 네트, ㈜SPM서울타악기, Jupiter, Buffet Crampon에 감사드립니다. 이 책의 출판을 위해 힘써 주신 세광음악출판사 박현수 대표님께 감사를 표합니다. 세심한 원고 검토로 책의 완성도를 높이는 데 애써 주신 한송이 차장님, 정성스럽게 교열해 주신 정소연 작가님께도 감사드립니다.

지난 25년간 함께해 주신 선배·동료·후배 관악 연주자들과 스태프에게도 마음을 담아 감사드립니다.

그동안 고마웠습니다.

## 🎵 저자 소개

강철호 음악감독은 중앙대학교 음악대학 관현악과 졸업 후 에버랜드 카리테스 윈드앙상블 음악감독을 역임하였다. 1992년 네덜란드로 유학하여 로테르담 음악원에서 관악지휘 및 관현악을 전공하였고, 재학 중 제2차 세계대전 종전 50주년 기념 《Rotterdam Hymn》를 추천 편곡했다. 졸업 후에는 브라반트 음악원에서 세계적인 관악 지휘자 얀 코버 교수에게 전문 지휘자 과정을 사사하였다.

1997년, 강 감독은 안양윈드오케스트라를 창단하여 50여 회의 정기연주회를 지휘하였다. 1999년에는 요한 데 메이의 《교향곡 제1번 'The Lord of the Rings'》을 예술의전당에서 국내 초연하였다. 2006년 모차르트 탄생 250주년을 기념해 성우 배한성과 함께 '모차르트로부터 온 편지'를 코리안 윈드 앙상블과 선보이며 유럽 전통 윈드 오케스트라 사운드를 구현하는데 힘썼고, 새로운 기획과 관악 레퍼토리 발굴에도 기여하였다.

강 철 호

또한 '아카데미아 금관 5중주단'과 함께 활동하였으며 국내 최초의 《금관 5중주 연주곡집》과 《20주년 기념 관악 작품집》을 출간하였다. 제16대 대통령취임식 팡파르를 비롯해 500곡 이상의 관악곡을 편곡하였고, 제주 국제 관악제 위촉으로 '서우제 소리'를 작곡하였다. 프랑스 '관악 작곡 콩쿠르Coups de Vents'와 '대만 관악 작곡 콩쿠르Taiwan Band Clinic' 심사위원을 역임하였고, '세계관악협회 컨퍼런스WASBE'에 초청되었다.

강 감독은 예술경영 역량을 발휘해 관악예술단을 문화체육관광부의 '전문예술단체 육성사업', '예비 사회적 기업', '안양문화재단 상주단체'로 선정시키며, 이를 국내 대표적인 관악 전문 예술단으로 성장시켰다.

중앙대·경희대·숭실대·경기대에서 강의하였으며, 나사렛대학교 겸임교수로서 후진 양성에도 노력을 기울였다. 문화체육관광부 주최 '대한민국 국제관악제' 사무국장과 '코리안심포니오케스트라(현 국립심포니오케스트라)' 사무국장을 역임하고, 현재는 롯데월드 음악감독으로 재직하며, 관악의 성장과 확산에 힘쓰고 있다.

강철호 음악감독은 지난 25년긴 관악지휘자, 직·편곡가, 교육자, 예술단 단장으로 관악의 전 분야에서 활약하며, 한국 관악의 스페셜리스트로 자리매김했다.





## 윈드 오케스트라 마스터 가이드    강철호 저

**발행인**   박현수
**발행처**   세광음악출판사 | 서울특별시 구로구 벚꽃로76길 27
         Tel. 02)714-0048, 50(내용 문의)    Fax. 02)719-2656
         http://www.sekwangmall.co.kr
**공급처**   (주)세광아트 Tel. 02)719-2652    Fax. 02)719-2191

|총괄|   강성호
|편집 및 교정|   한송이, 여정민
|디자인|   이현정
|제작|   김상준
|마케팅|   강성호, 윤미희

**등록번호**   제 3-108호(1953. 2. 12)      **인쇄일**   2025. 2
ISBN    978-89-03-16505-7 93670